LAS 50 MEJORES RECETAS DE QUESO PARA PRINCIPIANTES

50 RECETAS FÁCILES Y DIVERTIDAS

PARA UN ESTILO DE VIDA SALUDABLE

ADRIANA GONZALES

Reservados todos los derechos.

Descargo de responsabilidad

La información contenida i está destinada a servir como una colección completa de estrategias sobre las que el autor de este libro electrónico ha investigado. Los resúmenes, estrategias, consejos y trucos son solo recomendaciones del autor, y la lectura de este libro electrónico no garantiza que los resultados de uno reflejen exactamente los resultados del autor. El autor del libro electrónico ha realizado todos los esfuerzos razonables para proporcionar información actualizada y precisa a los lectores del libro electrónico. El autor y sus asociados no serán responsables de ningún error u omisión no intencional que pueda encontrarse. El material del eBook puede incluir información de terceros. Los materiales de terceros forman parte de las opiniones expresadas por sus propietarios. Como tal, el autor del libro electrónico no asume responsabilidad alguna por ningún material u opiniones de terceros. Ya sea debido a la progresión de Internet, o a los cambios imprevistos en la política de la empresa y las pautas de presentación editorial, lo que se declara como un hecho en el momento de escribir este artículo puede volverse obsoleto o inaplicable más adelante.

El libro electrónico tiene copyright © 2021 con todos los derechos reservados. Es ilegal redistribuir, copiar o crear trabajos derivados de este libro electrónico en su totalidad o en parte. Ninguna parte de este informe puede ser reproducida o retransmitida de forma reproducida o retransmitida en cualquier forma sin el permiso expreso y firmado por escrito del autor.

TABLA DE CONTENIDO

INTRODUCCIÓN

¡Bienvenidos a la elaboración de queso!

Todo el mundo ama el queso, pero ¿qué es realmente y por qué no lo hacemos con más frecuencia en casa? El queso es un producto lácteo derivado de la leche que se produce en una amplia gama de sabores, texturas y formas por coagulación de la caseína, la proteína de la leche. Comprende proteínas y grasas de la leche, generalmente la leche de vaca, búfalo, cabra u oveja. La mayoría de los quesos caseros se elaboran con leche, bacterias y cuajo. El queso puede elaborarse con casi cualquier tipo de leche, incluida la de vaca, cabra, oveja y desnatada, entera, cruda, pasteurizada y en polvo.

La elaboración casera de queso difiere de la elaboración comercial de queso en escala y en la necesidad de producir productos duplicados exactos día tras día para los mercados minoristas.

Los queseros comerciales utilizan los mismos ingredientes que los queseros caseros, pero deben obtener certificaciones locales y seguir regulaciones estrictas. Si desea vender su queso, es importante que comience haciendo queso simple.

¿Qué hace que cada queso sea tan diferente cuando diferentes tipos de queso usan los mismos ingredientes? A primera vista, puede parecer que distintos tipos de queso se elaboran de la misma forma. Sin embargo, las diferencias en el queso provienen de variaciones muy leves en el proceso. Cheddar y Colby, por ejemplo, son muy similares al principio, pero Colby tiene un paso en el que se agrega agua a la cuajada, lo que hace que tenga un queso de mayor humedad que el Cheddar.

Algunos otros factores que juegan un papel en el queso final incluyen la cantidad de cultivo, el tiempo de maduración, la cantidad de cuajo, el tamaño de la cuajada, cuánto tiempo y cuánto tiempo se calienta la leche, cuánto tiempo se agita la cuajada y cómo se produce el suero. es removido. Los cambios menores en cualquiera de estas áreas pueden marcar una diferencia dramática en el queso final.

El rendimiento de queso de un galón de leche es de aproximadamente una libra para el queso duro y dos libras para el queso blando.

Al comprar suministros para hacer queso, es una buena idea encontrar primero una Receta para hacer queso y luego comenzar a hacer una lista de los ingredientes y el equipo que necesitará para hacer su queso.

QUESOS REVESTIDOS Y FROTADOS

1. Brin d'Amour

HACE 1 libra

- 2 cuartos de leche pasteurizada de cabra
- 2 cuartos de leche de vaca entera pasteurizada
- ¼ de cucharadita de cultivo iniciador mesófilo en polvo MA 4001
- 1 cucharadita de cloruro de calcio diluido en ¼ de taza de agua fría sin cloro
- 1 cucharadita de cuajo líquido diluido en ¼ de taza de agua fría sin cloro

- 2 cucharaditas   ne sal marina
- 1½ cucharaditas de tomillo seco
- 1½ cucharaditas de orégano seco
- 1½ cucharaditas de ajedrea seca
- 1½ cucharaditas de hierbas provenzales

- 3 cucharadas de romero seco
- 1 cucharadita de pimentón
- 1 cucharadita de semillas de cilantro enteras
- 1 cucharadita de granos de pimienta mezclados enteros
- 1 cucharadita de bayas de enebro enteras
- 2 cucharaditas de aceite de oliva

1. En una olla no reactiva de 6 cuartos de galón, caliente las leches a fuego lento a 86 ° F; esto debería tardar unos 15 minutos. Apaga el fuego.

2. Espolvorea el iniciador sobre la leche y deja que se rehidrate durante 5 minutos. Mezcle bien con un batidor de arriba a abajo. Agregue el cloruro de calcio y mezcle suavemente, y luego agregue el cuajo de la misma manera.

3. Cubra y mantenga 72 ° F, permitiendo que la leche madure durante 8 horas, o hasta que la cuajada forme una masa grande con la consistencia de un yogur espeso y suero transparente flotando alrededor de los lados de la olla. Compruebe la cuajada para una ruptura limpia. Si el borde cortado está limpio, la cuajada está lista.

4. Coloque un colador sobre un recipiente o balde lo suficientemente grande para capturar el suero. Cubra con muselina de mantequilla húmeda. Con un cucharón o una espumadera, corte con cuidado rebanadas de ½ pulgada de grosor de la cuajada y coloque con cuidado las rebanadas en el colador. Mezcle suavemente la cuajada con 1 cucharadita de sal, luego ate la muselina en un saco

de drenaje y cuélguela para que se escurra a temperatura ambiente durante 6 a 10 horas, hasta que el suero deje de gotear.

5. Cuanto más tiempo drene la cuajada, más seco estará el queso terminado. Alternativamente, puede drenar la cuajada colgando durante 45 minutos, luego moviendo el saco a un molde Camembert de 4 pulgadas sin fondo, colocado en una rejilla de drenaje. Escurrir y madurar en el molde durante 6 a 10 horas, mojando la cuajada una vez durante el proceso de escurrido y espolvoreando la 1 cucharadita de sal restante sobre la superficie del queso.

6. Si no usa el molde para la forma final, transfiera el saco a una superficie de trabajo limpia y enrolle la cuajada en una bola, luego atorníllela ligeramente con las manos. Abra el saco y espolvoree la 1 cucharadita de sal restante sobre el queso y frótelo ligeramente en la superficie. Coloque el queso en una rejilla de drenaje a temperatura ambiente durante 8 horas para permitir que la sal se absorba en el queso y se libere el exceso de humedad. Continúe secando al aire durante un total de 24 horas o hasta que la superficie esté seca.

7. Combine las hierbas y las especias en un tazón pequeño. Seque el queso de cualquier humedad, luego frote bien con el aceite de oliva. Extienda una capa de la mezcla de hierbas en una hoja de pergamino o papel encerado y enrolle el queso en la mezcla para cubrir, luego presione suavemente las hierbas para que se peguen a la superficie del queso. Reserva las hierbas no utilizadas.

8.   Cubra el queso con una envoltura de plástico y colóquelo en una caja de maduración a 50 ° F a 55 ° F y 80 a 85 por ciento de humedad durante 3 días. Retire la envoltura de plástico, cúbralo con más hierbas si es necesario y colóquelo en una caja de maduración a 50 ° F a 55 ° F durante 27 días más. El queso estará listo para comer en este momento o se puede añejar un mes más.

2. Queso Dry Jack frotado con cacao

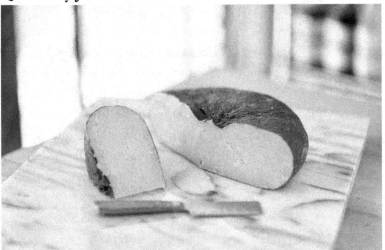

HACE 2 libras

- 2 galones de leche de vaca entera pasteurizada
- 1 cucharadita de cultivo iniciador mesófilo en polvo MA 4001
- 1 cucharadita de cloruro de calcio diluido en ¼ de taza de agua fría sin cloro
- 1 cucharadita de cuajo líquido diluido en ¼ de taza de agua fría sin cloro
- Sal kosher (preferiblemente de la marca Diamond Crystal) o sal de queso

- 2 cucharadas de cacao en polvo
- 2 cucharaditas de expreso instantáneo
- 1½ cucharaditas de pimienta negra recién molida
- 4½ cucharaditas de aceite de oliva

1. En una olla no reactiva de 10 cuartos, caliente la leche a fuego lento a 86 ° F; esto debería tardar unos 15 minutos. Apaga el calor.

2. Espolvorea el iniciador sobre la leche y deja que se rehidrate durante 5 minutos. Mezcle bien con un batidor de arriba a abajo. Cubra y mantenga a 86 ° F, permitiendo que la leche madure durante 1 hora. Agregue el cloruro de calcio y mezcle suavemente durante 1 minuto. Agregue el cuajo y mezcle suavemente durante 1 minuto. Cubra y deje reposar, manteniendo 86 ° F durante 30 a 45minutos, o hasta que la cuajada dé un corte limpio.

3. Aún manteniendo 86 °F, corte la cuajada en trozos de ¾ de pulgada y déjela reposar durante 5 minutos. A fuego lento, lleve lentamente la cuajada a 102 ° F durante 40 minutos, revolviendo continuamente para evitar que la cuajada se junte. La cuajada liberará suero, Xrm aumentará ligeramente y se encogerá al tamaño de frijoles secos. Mantenga 102 ° F y deje reposar la cuajada durante 30 minutos; se hundirán hasta el fondo.

4. Vierta suficiente suero para exponer la cuajada. Aún manteniendo la temperatura, revuelva continuamente durante 15 a 20 minutos, o hasta que la cuajada esté enmarañada y se adhiera cuando se presiona en su mano.

5.   Coloque un colador sobre un recipiente o balde lo suficientemente grande para capturar el suero. Cúbralo con muselina de mantequilla húmeda y vierta la cuajada en él.Deje escurrir durante 5 minutos, luego espolvoree 1 cucharada de sal y mezcle suave y completamente con las manos.

6.   Junte los extremos de la tela y gírelos para formar una bola que ayude a exprimir el exceso de humedad. Haga rodar la bola sobre una superficie Pat para liberar más suero. Ate la parte superior del saco de tela, presiónelo con las manospara atenuar ligeramente y colóquelo en una tabla de cortar sobre una rejilla de drenaje. Coloque una segunda tabla de cortar encima del saco atemperado y coloque un peso de 8 libras directamente sobre el queso. Presione a 75 ° F a 85 ° F durante 6 horas para Jack húmedo u 8 horas para Jack más seco.

7.   Retire el queso del saco y séquelo. Frote con 1 cucharada de sal y colóquelo en una rejilla para escurrir para que se seque al aire durante 8 horas.

8.   Prepare 3 cuartos de galón de salmuera saturada (consulte la Tabla de salmuera) y enfríe de 50 ° F a 55 ° F. Coloque el queso en la salmuera y déjelo en remojo entre 50 ° F y 55 ° F durante 8 horas, volteándolo una vez durante ese tiempo. Retirar de la salmuera, secar y secar al aire en una rejilla a temperatura ambiente durante horas, o hasta que la superficie esté seca al tacto. Voltee una vez durante este período de secado.

9.   Coloque el queso sobre una estera de queso en una caja de maduración a 50 ° F a 55 ° F y 85 por ciento de humedad durante 1 semana, triturando el queso diariamente para una maduración uniforme.

10.   Combine el cacao, el espresso y la pimienta en un tazón pequeño. Agregue el aceite de oliva y revuelva para combinar. Frote un cuarto de la mezcla de cacao por todo el queso. Coloque el queso en una rejilla para que el aire circule a su alrededor,luego continúe madurando a 50 ° F a 55 ° F durante la noche. Repita el proceso de frotar y secar al aire todos los días durante 3 días más, luego madurar el queso a 60 ° F y 75 por ciento de humedad durante 2 meses, volcando dos veces por semana.

11. Envuelva en papel de queso y refrigere hasta que esté listo para comer, hasta 10 meses o, para un sabor muy rico y profundo, hasta 2 años, ¡si puede esperar tanto tiempo! Una vez abierto, el queso se secará y endurecerá con el paso del tiempo, creando un maravilloso queso rallado.

3. Chèvre de niebla de lavanda

HACE Seis discos de 4 onzas

- 1 galón de leche de cabra pasteurizada
- ¼ de cucharadita de cultivo iniciador mesófilo en polvo MA 4001
- 1 cucharadita de cloruro de calcio diluido en ¼ de taza de agua fría sin cloro
- 1 cucharadita de cuajo líquido diluido en ¼ de taza de agua fría sin cloro
- 1 cucharadita de sal marina Vne
- ½ cucharadita de polen de hinojo en polvo
- ¼ de cucharadita de lavanda molida o cogollos de lavanda

1. En una olla no reactiva de 6 cuartos de galón, caliente la leche a fuego lento a 86 ° F; esto debería tardar unos 15 minutos. Apaga el fuego.

2. Espolvorea el iniciador sobre la leche y deja que se rehidrate durante 5 minutos. Mezcle bien con un batidor de arriba a abajo. Agregue el cloruro de calcio y mezcle suavemente, y luego mezcle el cuajo de la misma manera. Cubra y mantenga 72 ° F, permitiendo que la leche madure durante 12 horas, o hasta que la cuajada haya formado una masa grande con la consistencia de yogur espeso y suero transparente.está flotando alrededor de los lados de la olla.

3. Coloque un colador sobre un recipiente o balde lo suficientemente grande para capturar el suero. Forre con muselina de mantequilla húmeda y vierta suavemente la cuajada en el colador. Agregue ½ cucharadita de sal y revuelva suavemente para combinar. Ate los extremos del paño para hacer un saco de drenaje y cuélguelo para que se escurra a temperatura ambiente durante 6 a 12 horas.

4. Retire el queso del paño y déle forma en seis discos redondos de 4 onzas. Espolvoree la ½ cucharadita de sal restante sobre la superficie de cada queso y frótelo ligeramente en la superficie. Coloque los quesos en una rejilla para secar a temperatura ambiente durante 4 horas para permitir que absorban la sal y liberen el exceso de humedad.

5.   Combine el polen de hinojo y la lavanda en un tazón pequeño. Seque los quesos con palmaditas, luego colóquelos en una hoja depergamino o papel encerado y espolvoree todos los lados con la mezcla de hierbas.

6.   Coloque los quesos en una rejilla y deje reposar a temperatura ambiente durante 1 hora, luego envuelva cada queso en una envoltura de plástico y refrigere durante al menos 3 días para permitir que los sabores del aderezo infundan el queso y hasta 10 días.

4. Montasio frotado con miel

HACE 2 libras

- 1 galón de leche de vaca pasteurizada reducida en grasa (2 por ciento)
- 1 galón de leche de cabra pasteurizada
- 1 cucharadita de cultivo iniciador termofílico en polvo Thermo C
- 1 cucharadita de cloruro de calcio diluido en ¼ de taza de agua fría sin cloro
- 1 cucharadita de cuajo líquido diluido en ¼ de taza de agua fría sin cloro

- 3 cucharaditas   ake sal marina (o sal marina del Himalaya)
- Sal kosher (preferiblemente de la marca Diamond Crystal) o sal de queso para salmuera
- 3 cucharadas de miel

1. En una olla no reactiva de 10 cuartos, caliente las leches a fuego lento a 90 ° F; esto debería tardar unos 20 minutos. Apague el fuego.
2.   Espolvorea el iniciador sobre la leche y deja que se rehidrate durante 5 minutos. Mezcle bien con un batidor de arriba a abajo. Cubra y mantenga a 90 ° F, permitiendo que la leche madure durante 45 minutos. Agregue el cloruro de calcio y mezcle suavemente durante 1 minuto. Agregue el cuajo y mezcle suavemente durante 1 minuto. Cubra y deje reposar, manteniendo 90 ° F durante 30 a 45 minutos, o hasta que la cuajada se rompa por completo.

3.   Corte la cuajada en trozos de ½ pulgada y déjela reposar durante 5 minutos. A fuego lento, lleve lentamente la cuajada a 104 ° F durante 40 minutos, revolviendo dos o tres veces. Retirar del fuego y revolver durante 15 minutos para liberar el suero y encoger la cuajada al tamaño de cacahuetes.
4. A fuego lento, lleve lentamente la temperatura a 112 ° F durante 5 a 7 minutos, revolviendo la cuajada para que se levanten. Una vez alcanzados los 112 ° F, retirar del fuego, mantener la temperatura y dejar reposar la cuajada durante 20 minutos; se hundirán hasta el fondo.

5. Cucharón oG suficiente suero para exponer la cuajada. Coloque un colador sobre un recipiente o balde lo suficientemente grande para capturar el suero. Forre con muselina de mantequilla húmeda y vierta suavemente la cuajada en él. Deje escurrir durante 10 minutos, luego espolvoree 1 ½ cucharadita de sal marina sobre la cuajada y revuelva suave pero bien con las manos. Deje escurrir por 5 minutos más.

6. Junta los extremos de la muselina para formar una bola y gírala para ayudar a exprimir el exceso de humedad. Coloque el saco en una tabla de cortar desinfectada, enróllelo en una bola y ate la parte superior para asegurar la cuajada en forma redonda. Coloque tanto la cuajada envuelta como la tabla de cortar en una rejilla de drenaje y presione hacia abajo la cuajada con las manos para atenuar ligeramente.

7. Alise el nudo y las ataduras lo mejor que pueda para crear una superficie estable para que descanse una segunda tabla de cortar. Coloque la segunda tabla de cortar encima del queso; presione hacia abajo para emparejar el paquete, luego cubra todo el conjunto por completo con un paño de cocina. Coloque un peso de 8 libras sobre el queso y presione durante 8 horas o durante la noche a 75 ° F a 85 ° F.

8. Prepare 2 cuartos de galón de salmuera casi saturada (consulte la Tabla de salmuera) y enfríe de 50 ° F a 55 ° F. Retire el queso del saco y colóquelo en la salmuera para remojar a 50 ° F a 55 ° F durante 12 horas., mojándolo una vez para salmuera uniformemente. Retire el queso de la salmuera y séquelo, luego colóquelo sobre una estera para queso o una rejilla para que se seque al aire a

temperatura ambiente durante horas, o hasta que la superficie esté seca al tacto. Voltee una vez durante este tiempo.

9.   Coloque en una caja de maduración a 50 ° F a 55 ° F y 85 por ciento de humedad y envejezca durante 1 semana, mojando diariamente. Luego cepille con una solución de salmuera simple (consulte la Tabla de salmuera), enfriada de 50 ° F a 55 ° F, dos veces por semana durante 2 semanas.

10.   Después de 2 semanas, frote el queso con 1 ½ cucharada de miel para cubrir, luego regréselo a la caja de maduración a 50 ° F a 55 ° F y 80 por ciento de humedad durante 1 semana, ipando diariamente. La miel formará un Plm, evitando que el queso se seque.

11. Después de 1 semana más, frote con la 1½ cucharada de miel restante y luego con la 1½ cucharadita de sal restante.

12. Regrese el queso a la caja de maduración por 2 semanas más, volteándolo diariamente, luego selle al vacío o envuélvalo firmemente en una envoltura de plástico para proteger el recubrimiento, y almacene refrigerado por 1 mes hasta 1 año.

5. Rustico Foglie di Noce

a) Necesitará de 4 a 6 hojas grandes de nuez secas, sin tallo, blanqueadas y secadas con palmaditas.

b) Para emular mejor los robustos Wavors que vienen con el uso de leche de oveja, se agrega una pequeña cantidad de crema y un poco de lipasa en polvo a las leches de cabra y vaca.

c) Prepara el queso siguiendo la receta de Montasio, combinando 1 taza de crema espesa con las leches. Después de agregar el cultivo y antes de agregar el cloruro de calcio y el cuajo, agregue una pizca de lipasa en polvo.

d) Siga las instrucciones durante la primera etapa de maduración, antes de frotar con miel (hasta el paso 7). Frote el queso con aceite de oliva, luego espolvoree con sal kosher y frótelo en la superficie. Aunque no es tradicional, puede frotar el queso con aceite de oliva ahumado alternando con aceite de oliva sin sabor para darle un sabor ahumado. El mejor aceite de oliva ahumado proviene de la Aceituna Ahumada, www.thesmokedolive.com.

e) Cepille las hojas de nuez en ambos lados con aceite de oliva, luego envuelva suficientes hojas alrededor del queso para cubrirlo por completo. Coloque el queso en una caja de maduración a 50 ° F a 55 ° F y 75 por ciento de humedad con buena circulación de aire y envejezca durante 3 meses, sumergiendo diariamente durante la semana de descanso, luego dos veces por semana a partir de entonces.

f) Frote el queso a diario con aceite de oliva. Consuma el queso una vez que haya envejecido 3 meses, o séllelo al vacío o envuélvalo en plástico y guárdelo refrigerado por un mes más.

g) Cuando esté listo para servir estos quesos, permita que los comensales retiren la envoltura de las hojas de su porción de queso.

6. Époisses jóvenes

Ingredientes

- Paquete de 500g de mezcla de pan blanco
- 100g trozos de nuez
- 140 g de orejones, cortados en rodajas
- 25g de semillas de amapola, tostadas
- 400 ml de leche
- un poco de aceite para engrasar
- 1 huevo batido
- 1-2 quesos blandos en cajas, como brie o camembert
- chorrito de vino blanco

Método

1. Vierta la mezcla de pan en un procesador de alimentos, agregue las nueces y mezcle hasta que esté completamente incorporado. Transfiera a un tazón y agregue los

albaricoques y la mayoría de las semillas de amapola. Caliente la leche a la temperatura de la mano, luego agregue la mezcla de harina con una cuchara de madera. Amasar en el bol hasta que quede suave. Cubra con una película adhesiva engrasada y déjela en un lugar cálido para que suba durante 1 hora.

2. Busque un plato resistente al calor del mismo tamaño o un poco más grande que su caja de queso. Siéntelo en el medio de una gran bandeja para hornear.

3. Dale forma a la masa leudada en un tronco largo y delgado que se envolverá alrededor del plato en la hoja, como una corona. Presione los extremos juntos, cubra sin apretar con una película adhesiva engrasada y deje reposar durante 20-30 minutos.

4. Caliente el horno a 180C / 160C ventilador / gas 4. Unte el huevo por todo el pan, luego espolvoree con las semillas de amapola restantes. Con unas tijeras de cocina, corte aleatoriamente la masa para darle un acabado puntiagudo. Hornee durante 35-40 minutos hasta que esté dorado y crujiente, y el fondo suene hueco cuando lo golpee. Retire el plato del medio.

5. Para servir, desenvuelva el queso y vuelva a colocarlo en la caja. Apuñala un par de veces, agrega el vino y ata una cuerda de cocina alrededor de la caja para asegurarla en caso de que el pegamento se deshaga. Coloque el queso en el medio del pan, sin su tapa, y hornee durante 10-15 minutos hasta que se derrita. Sirve de inmediato y, si

quieres, mete otro queso en el horno para que puedas terminar el pan cuando la primera caja de queso esté limpia.

QUESOS MADURADOS EN SUPERFICIE

7. Crème fraîche brie

HACE una rueda de 10 a 12 onzas o dos ruedas de 5 a 6 onzas

- Polvo de molde Penicillium candidum
- Sal kosher (preferiblemente de la marca Diamond Crystal) o sal marina
- 2 galones de leche de vaca entera pasteurizada
- 1 cucharadita de cultivo iniciador mesófilo en polvo Meso II
- 1/8 cucharadita de Geotrichum candidum

- 15 polvo de molde
- 1 cucharadita de cloruro de calcio diluido en ¼ de taza de agua fría sin cloro
- ½ cucharadita de cuajo líquido diluido en ¼ de taza de agua fría sin cloro
- 1½ tazas de crema fresca cultivada, casera o comprada en la tienda, a temperatura ambiente

1. Doce horas antes de comenzar, combine una pizca de Penicillium candidum, ¼ de cucharadita de sal y 2 tazas de agua fría sin cloro en un atomizador o botella rociadora. Almacene entre 50 ° F y 55 ° F.

2. En una olla no reactiva de 6 cuartos de galón, caliente lentamente la leche a 86 ° F a fuego lento; esto debería tardar unos 15 minutos. Apaga el fuego.

3. Espolvoree el iniciador, ⅛ de cucharadita de polvo de moho P. candidum y el polvo de moho Geotrichum candidum sobre la leche y déjela rehidratar durante 5 minutos. Mezcle bien con un batidor de arriba a abajo durante 20 golpes. Cubra y mantenga a 86 ° F, dejando que la leche madure durante 30 minutos. Agregue el cloruro de calcio y mezcle suavemente, luego agregue el cuajo de la misma manera. Cubra y deje reposar, manteniendo 86 ° F durante 1 ½ horas, o hasta que la cuajada se rompa por completo.

4. Corte la cuajada en trozos de ½ pulgada y déjela reposar durante 5 minutos para formar la cuajada. Con una espátula de goma, revuelva suavemente durante 5 minutos

alrededor de los bordes de la olla para mover la cuajada. Deje reposar la cuajada durante 5 minutos; se hundirán hasta el fondo.

5. Sirva con un cucharón suficiente suero para exponer la cuajada. Coloca suavemente la cuajada en un colador forrado con muselina de mantequilla húmeda y deja escurrir durante 10 minutos, o hasta que el suero deje de gotear.

6. Coloque la crème fraîche en un bol y bata para ablandar. Con una espátula de goma, doble suavemente la crema fresca en la cuajada para combinar. Deje escurrir durante 10 minutos, hasta que se haya drenado cualquier líquido residual.

7. Coloque una rejilla para escurrir sobre una bandeja, coloque una tabla de cortar en la rejilla y una estera de queso sobre la tabla y, finalmente, coloque un molde Brie de 8 pulgadas o dos moldes Camembert de 4 pulgadas sobre la alfombra. Echar la cuajada en el molde o moldes y dejar escurrir durante 2 horas. La cuajada reducirá aproximadamente a dos tercios la altura del molde. Coloque un segundo tapete y tabla sobre la parte superior del molde. Con una mano sosteniendo la tabla Hrmly contra el tapete y el molde, levante y suavemente Hip sobre el tablero inferior y tape con el molde y vuelva a colocar en la rejilla de drenaje; la segunda tabla y el tapete estarán ahora en la parte inferior y el tapete y el panel originales estarán en la parte superior.

8. Deje escurrir durante 2 horas, hasta que el tamaño de la cuajada se reduzca en aproximadamente un tercio, luego vuelva a inyectar de la misma manera y deje escurrir durante la noche a temperatura ambiente. La cuajada tendrá aproximadamente 1½ pulgadas de alto en este punto.

9. Sal la parte superior del queso, revuélvelo, sal el segundo lado y déjalo escurrir por 2 horas más. La cantidad de sal es difícil de precisar, pero si imagina salar bien un bistec o un tomate, eso es correcto. La cuajada tendrá aproximadamente 1 pulgada de alto en este punto. Retirar el molde y rociar ligeramente el queso (mientras está en el escurridor) con la solución de P. candidum.

10. Coloque el queso sobre una estera de queso limpia en una caja de maduración. Cubra sin apretar con la tapa y madura a 50 ° F a 55 ° F y 90 por ciento de humedad. La alta humedad es esencial para la elaboración de este queso. Voltee el queso a diario, eliminando el suero que se haya acumulado en la caja de maduración. Mantenga la caja ligeramente cubierta para mantener el nivel de humedad.

11. Después de 2 días, puede rociar ligeramente los quesos con solución de moho nuevamente para ayudar a asegurar el crecimiento adecuado de moho, si lo desea. Después de unos 5 días, aparecerán los primeros signos de moho blanco difuso. Retire cualquier moho indeseable con un trozo de gasa humedecido en una solución de vinagre y sal.

12. Después de 10 a 14 días, los quesos estarán completamente cubiertos de moho blanco. En este punto, limpie la caja de maduración, envuelva los quesos en papel de queso y devuélvalos a la caja de maduración.

13. El queso comenzará a ablandarse en aproximadamente una semana. Después de un total de 4 semanas desde el inicio de la maduración (o 3 semanas si usa moldes Camembert), mueva los quesos envueltos al refrigerador y guárdelos hasta que hayan alcanzado la madurez deseada: firme y suave, o líquida y fuerte.

14. El tiempo de envejecimiento hasta la madurez deseada variará según el diámetro y el grosor del queso: si se utilizó un molde Brie, cuente con un total de 4 a 7 semanas; si hay 2 moldes Camembert, cuente con un total de 3 a 6 semanas.

8. Brie al estilo americano

HACE 2 libras

- 2 galones de leche de vaca entera pasteurizada
- ½ taza de crema espesa pasteurizada
- Pizca de cultivo iniciador mesófilo en polvo MA 4001
- 1 cucharadita de cultivo iniciador termofílico en polvo Thermo B
- 1 cucharadita de polvo de molde Penicillium candidum
- 1 cucharadita de polvo de molde Geotrichum candidum 15
- 1 cucharadita de cloruro de calcio diluido en ¼ de taza de agua fría sin cloro

- 1 cucharadita de cuajo líquido diluido en ¼ de taza de agua fría sin cloro

- Sal kosher (preferiblemente de la marca Diamond Crystal) o sal de queso

1. Caliente la leche y la crema en una olla de 10 cuartos en un baño de agua a 102 ° F a fuego lento. Lleve la leche a 90 ° F durante 10 minutos.

2. Dejar el fuego encendido y espolvorear los cultivos iniciadores y los polvos de moho sobre la leche y dejar rehidratar durante 5 minutos. Mezcle bien con un batidor de arriba a abajo durante 20 golpes. Deje que la temperatura de la leche suba de 96 ° F a 98 ° F. Apagar el fuego, tapar y dejar reposar la leche en el baño de agua durante 1 hora y media. Agregue el cloruro de calcio y mezcle suavemente, luego agregue el cuajo de la misma manera. Deje reposar, tapado, durante 30 minutos, o hasta que la cuajada se rompa por completo.

3. Corte la cuajada en trozos de ¾ de pulgada y déjela reposar durante 5 minutos. Revuelva la cuajada durante 10 a 15 minutos, luego déjelos reposar durante 5 minutos. Cucharón o suero suficiente para exponer la cuajada.

4. Coloque una rejilla de drenaje sobre una bandeja, coloque un molde Brie de 8 pulgadas (con fondo) y coloque la rejilla en una caja de maduración. Vierta suavemente la cuajada en el molde y déjela escurrir durante 1 hora, levantando periódicamente el molde y vertiendo el suero de la bandeja.

5.	Después de 1 hora, suavemente Arranca el queso del molde en tu mano, dale la vuelta y devuélvelo al molde. Esto nivela el drenaje y alisa la superficie en ambos lados. Voltee el queso cada hora mientras continúa escurriendo y desechando el suero. Poco a poco, solo quedarán unas pocas onzas de suero para drenar. Cuando no haya más suero, después de cuatro o cinco, coloque una cubierta o tapa de aluminio en la caja de maduración, ventilada en dos lugares, y mantenga la caja a temperatura ambiente durante 8 horas.

6.	Drenar oD lo último del suero y desmolde el queso sobre un tapete. Sal la parte superior del queso, revuélvelo y sal el segundo lado. La cantidad de sal es difícil de precisar, pero si imagina salar bien un bistec o un tomate, eso es correcto. Salar los bordes es opcional.

7.	La fase de floración de la maduración comienza ahora y se lleva a cabo mejor a 52 ° F a 56 ° F. Coloque la tapa de la caja de maduración torcida o cubra los dos tercios centrales de lasartén con papel de aluminio, dejándolo abierto en ambos extremos para que circule el aire. En 3 a 4 días, el queso florecerá y se formará un moho blanco en la superficie. Dale la vuelta a la rueda para que florezca el otro lado. La segunda floración estará completa en solo 1 o 2 días más.

8.	Con papel de queso, envuelva la rueda, pegando con cinta adhesiva los bordes incómodos. Mueva la rueda a una bandeja limpia y una caja de maduración con la tapa cerrada. Coloque 2 toallas de papel húmedas y enrolladas en las esquinas opuestas de la caja para mantener la humedad en aproximadamente el 85 por ciento. Mueva esta caja a su refrigerador (a unos 38 ° F). Humedezca las toallas según sea necesario y gire la rueda una o dos veces durante el tiempo de maduración.

9. La rueda debe estar lista para servir después de 5 a 6 semanas. Puede comprobarlo cortando una pequeña cuña de ¼ de pulgada. Lael queso debe sentirse suave y comenzar a supurar de la corteza, y debe tener un sabor y un olor suaves (el queso Brie viejo tendrá un sabor muy picante y olerá a amoníaco).

10. Presione un pequeño trozo de papel encerado en la sección cortada antes de volver a envolver. El queso se conservará de 6 a 8 semanas en el frigorífico.

9. Bucheron

HACE Dos troncos de 8 onzas

- Polvo de molde Penicillium candidum
- 1¾ cucharaditas de sal marina Vne
- 1 galón de leche de cabra pasteurizada
- 1 cucharadita de cultivo iniciador mesófilo en polvo Aroma B
- Pizca de polvo de molde Geotrichum candidum 15
- 1 cucharadita de cloruro de calcio diluido en ¼ de taza de agua fría sin cloro

- 1 cucharadita de cuajo líquido diluido en ¼ de taza de agua fría sin cloro

1. Doce horas antes de comenzar, combine una pizca de P. candidum, ¼ de cucharadita de sal y 2 tazas de agua fría sin cloro en un atomizador o botella rociadora. Almacene entre 50 ° F y 55 ° F.

2. En una olla no reactiva de 6 cuartos, caliente la leche a fuego lento a 72 ° F; esto debería tardar unos 10 minutos. Apaga el fuego.

3. Espolvoree el iniciador, ⅛ de cucharadita de polvo de moho P. candidum y el polvo de moho Geotrichum candidum sobre la leche y déjela rehidratar durante 5 minutos. Mezcle bien con un batidor de arriba a abajo durante 20 golpes. Agregue el cloruro de calcio y mezcle suavemente durante 1 minuto, luego agregue el cuajo de la misma manera. Cubra y deje reposar, manteniendo 72 ° F, durante 18 horas, o hasta que la cuajada estéuna masa firme y suero flota en la parte superior.

4. Coloque una rejilla de drenaje sobre una bandeja. Estable 2 moldes cilíndricos Saint-Maure o bûche dentro de 2moldes redondos de lados rectos y colocar sobre la rejilla.

5. Corte con cuidado rebanadas de cuajada de ½ pulgada de grosor con un cucharón o una espumadera y coloque con cuidado las rebanadas en los moldes cilíndricos para llenar. Deje escurrir hasta que se puedan agregar más

cuajada a los moldes. No tenga la tentación de agregar otro molde; la cuajada se comprimirá a medida que se drene el suero, dejando espacio para toda la cuajada.

6.   Cuando toda la cuajada se haya echado con cucharón en los moldes, cúbralos con un paño de cocina limpio y deje escurrir los quesos durante 24 horas a temperatura ambiente. Retire el suero acumulado unas cuantas veces mientras drena, limpiando la bandeja con una toalla de papel cada vez.

7. Después de 6 horas, o cuando los quesos estén lo suficientemente firmes para manipularlos, invierta suavemente los moldes en su palma para colocar los quesos en sus moldes. Haga esto unas cuantas veces más durante las 24 horas para ayudar a la formación uniforme de los quesos y al desarrollo de las bacterias. Al cabo de 24 horas, la cuajada se habrá reducido aproximadamente a la mitad de la altura de los moldes.

8.   Una vez que los quesos hayan dejado de escurrir y la cuajada se haya comprimido por debajo del punto medio del molde, coloque un tapete en una caja de maduración. Retire los quesos de los moldes y espolvoree ¾ de cucharadita de sal por toda la superficie de cada queso.

9.   Coloque los quesos al menos a 1 pulgada de distancia sobre el tapete en la caja de maduración y deje 10 minutos para que la sal se disuelva, luego rocíe ligeramente con la solución de P. candidum. Limpia la humedad de las

paredes de la caja. Cubra la caja sin apretar con la tapa y déjela reposar a temperatura ambiente durante 24 horas.

10. Drene el suero y elimine la humedad de la caja, luego deje madurar el queso entre 50 ° F y 55 ° F y 90 por ciento de humedad durante 2 semanas. Durante los primeros días, ajuste la tapaestar ligeramente abierto durante una parte de cada día para mantener el nivel de humedad deseado.

11. Demasiada humedad creará una superficie indeseablemente húmeda. La superficie del queso debe aparecer húmeda pero no mojada. Cada día, limpie la humedad que pueda haberse acumulado en la caja de maduración. Durante el período de maduración, dé la vuelta a los quesos un cuarto de vuelta al día para mantener su forma de tronco.

12. Después de 2 días, rocíe muy ligeramente con la solución de moho. Después de unos 5 días, aparecerán los primeros signos de moho blanco difuso. Después de 10 a 14 días, los quesos estarán completamente cubiertos de moho blanco. Retire cualquier moho indeseable con un trozo de gasa humedecido en una solución de vinagre y sal.

13. Limpiar y secar la caja de maduración, envolver los quesos en papel de queso y devolverlos a la caja de maduración. Los quesos comenzarán a ablandarse en aproximadamente una semana.

14. Después de un total de 4 semanas desde el inicio de la maduración, envuélvalas en una envoltura de plástico y guárdelas en el refrigerador. Lo mejor es consumir este queso cuando haya alcanzado la madurez deseada, entre 4 semanas y 5 semanas.

10. queso Camembert

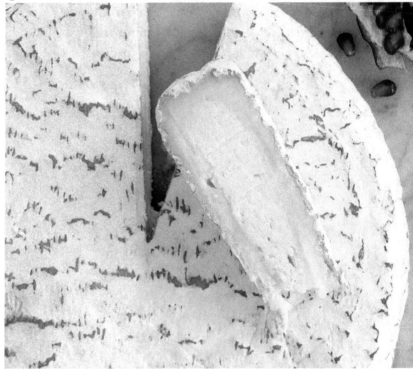

HACE 1 libra

- 3 cuartos de leche de vaca entera pasteurizada
- 1 cucharadita de cultivo iniciador mesófilo en polvo MM 100
- ⅛ cucharadita de polvo de molde Penicillium candidum
- 1 cucharadita de cloruro de calcio diluido en ¼ de taza de agua fría sin cloro
- 1 cucharadita de cuajo líquido diluido en ¼ de taza de agua fría sin cloro
- 5 cucharadas de sal kosher (preferiblemente de la marca Diamond Crystal) o sal de queso

1. En una olla no reactiva de 6 cuartos de galón, caliente la leche a fuego lento a 90 ° F; esto debería tardar unos 20 minutos. Apaga el fuego.

2. Espolvorea el iniciador y el polvo de molde sobre la leche y deja rehidratar durante 5 minutos. Mezcle bien con un batidor de arriba a abajo.

3. Cubra y mantenga a 90 ° F, dejando que la leche madure durante 1½ horas. Agregue el cloruro de calcio y mezcle suavemente, luego agregue el cuajo de la misma manera. Cubra y deje reposar, manteniendo 90 ° F, hasta que la cuajada se rompa por completo.

4. Corte la cuajada en trozos de ¼ a ½ pulgada y déjela reposar durante 5 minutos. Revuelva suavemente con una espátula de goma para evitar que la cuajada se enrede, luego sirva un tercio del suero con un cucharón. Agregue la sal y revuelva suavemente para incorporar.

5. Sirve la cuajada en un molde Camembert de 4 pulgadas colocado en una rejilla de drenaje sobre una bandeja. Deje escurrir a temperatura ambiente hasta que el queso esté lo suficientemente firme como para pegar, aproximadamente 2 horas. Dale la vuelta al queso cada hora durante 5 horas o hasta que deje de escurrir.

11. Coulommiers

HACE cuatro quesos de 5 onzas

- Polvo de molde Penicillium candidum
- 3½ cucharaditas de sal marina kosher o Vne Nake
- 2 galones de leche de vaca entera pasteurizada
- 1 cucharadita de cultivo iniciador mesófilo en polvo MA 4001
- 1 cucharadita de cloruro de calcio diluido en ¼ de taza de agua fría sin cloro
- 1 cucharadita de cuajo líquido diluido en ¼ de taza de agua fría sin cloro

1. Doce horas antes de comenzar, combine una pizca de P. candidum, ½ cucharadita de sal y 1 litro de agua sin cloro

en un atomizador o botella rociadora. Almacene entre 50 ° F y 55 ° F.

2. En una olla no reactiva de 10 cuartos, caliente la leche a fuego lento a 90 ° F; esto debería tardar unos 20 minutos. Apaga el fuego.

3. Espolvoree el iniciador y ⅛ de cucharadita de polvo de moho P. candidum sobre la leche y déjela rehidratar durante 5 minutos. Mezcle bien con un batidor de arriba a abajo. Agregue el cloruro de calcio y mezcle suavemente, luego agregue el cuajo de la misma manera. Cubra y deje reposar, manteniendo 90 ° F durante 1 ½ horas, o hasta que la cuajada se rompa por completo.

4. Corte la cuajada en rodajas de ½ pulgada de grosor y déjela reposar durante 5 minutos para formar la cuajada. Con una espátula de goma, revuelva suavemente alrededor de los bordes de la olla durante 5 minutos para encoger un poco la cuajada y evitar que se enrede.

5. Coloque una rejilla de drenaje sobre un bandeja, coloque una tabla de cortar en la rejilla y una estera de queso en la tabla y, finalmente, coloque cuatro moldes de Camembert de 4 pulgadas sobre la estera. Con una espumadera, vierta suavemente las rodajas de cuajada en los moldes. Llene los moldes hasta el tope, luego continúe agregando rodajas a medida que se escurre la cuajada.

6. Cuando se haya transferido toda la cuajada a los moldes, cubrir los moldes con un paño de cocina limpio y dejar

escurrir a temperatura ambiente durante 5 a 6 horas, o hasta que la cuajada se haya reducido a casi la mitad de la altura de los moldes. Deseche el suero periódicamente.

7. Coloque una segunda alfombra y una tabla de cortar sobre la parte superior de los moldes. Con una mano sosteniendo la tabla superior firmemente contra la alfombra y los moldes, levante y pase suavemente sobre la tabla inferior y la alfombra con los moldes y vuelva a colocarla en la rejilla de drenaje; la segunda tabla y el tapete estarán ahora en la parte inferior y el tapete y el panel originales estarán en la parte superior.

8. Deje escurrir durante 6 horas, hasta que la cuajada tenga aproximadamente 1½ a 2 pulgadas de alto, luego Gip nuevamente y deje escurrir por otras 3 horas. Deje de beber una vez que los quesos dejen de escurrir; deben estar bien drenados y Orm al tacto.

9. Retire los moldes y espolvoree alrededor de 1 ½ cucharadita de sal sobre la parte superior y los lados de los quesos. Dejar actuar durante 10 minutos, dejando que la sal se disuelva. Coloque los quesos con la sal hacia abajo sobre un tapete de queso limpio en una caja de maduración y salar los otros lados, nuevamente usando aproximadamente 1½ cucharaditas. Cubra la caja con la tapa ligeramente abierta para que circule un poco de aire y deje madurar los quesos entre 50 ° F y 55 ° F y 90 por ciento de humedad. La alta humedad es esencial para la elaboración de este queso.

10. Voltee los quesos todos los días, eliminando el suero y la humedad que puedan haberse acumulado en la caja de maduración, ya que la humedad inhibirá el desarrollo adecuado de moho blanco. Una vez que la humedad ya no se acumule en la caja, cúbrala bien.

11. Después de 2 días, rocíe ligeramente con la solución de moho. Después de unos 5 días, aparecerán los primeros signos de moho blanco difuso. Después de 10 a 14 días, los quesos estarán completamente cubiertos de moho blanco. Retire cualquier moho indeseable con un trozo de gasa humedecido en una solución de vinagre y sal.

12. Limpiar la caja de maduración, envolver los quesos en papel de queso y devolverlos a la caja de maduración. El queso comenzará a ablandarse en aproximadamente una semana. Está listo para comer cuando el centro se siente suave al tacto; esto puede ser de 1 a 2 semanas o un poco más. Conservar en el frigorífico hasta que alcancen la madurez deseada.

12. Cabra encapuchada escarpada

HACE diez quesos de 3 onzas

- Polvo de molde Penicillium candidum
- 4¼ cucharaditas de sal marina Vne
- 1 galón de leche de cabra pasteurizada
- 1 cucharadita de cultivo iniciador mesófilo en polvo Aroma B Una pizca de Geotrichum candidum 15 polvo de moho
- 1 cucharadita de cloruro de calcio diluido en ¼ de taza de agua fría sin cloro
- 1 cucharadita de cuajo líquido diluido en ¼ de taza de agua fría sin cloro
- 2 cucharadas de ceniza vegetal

1. Doce horas antes de comenzar, combine una pizca de P. candidum, ¼ de cucharadita de sal y 2 tazas de agua fría sin cloro en un atomizador o botella rociadora. Almacene entre 50 ° F y 55 ° F.

2. En una olla no reactiva de 6 cuartos, caliente la leche a fuego lento a 72 ° F; esto debería tardar unos 10 minutos. Apaga el fuego.

3. Espolvoree el iniciador, ⅛ de cucharadita de P. candidum y el polvo de moho Geotrichum candidum sobre la leche y déjela rehidratar durante 5 minutos. Mezcle bien con un batidor de arriba a abajo durante 20 golpes. Cubra y mantenga 72 ° F, dejando que la leche madure durante 30 minutos. Agregue el cloruro de calcio y mezcle suavemente durante 1 minuto, luego agregue el cuajo de la misma manera. Cubra y deje reposar, manteniendo 72 ° F durante 8 a 10 horas, o hasta que la cuajada se rompa por completo.

4. Corte la cuajada en trozos de ½ pulgada y déjela reposar durante 5 minutos. Revuelva suavemente durante 10 minutos con una espátula de goma, luego coloque la cuajada en un colador forrado con muselina de mantequilla húmeda y deje escurrir durante 30 minutos. Espolvoree 1 cucharada de sal y mezcle suavemente con las manos para incorporar,luego haga un saco de drenaje con la muselina y deje escurrir durante 4 horas, o hasta que el suero deje de gotear.

5. Usando una balanza, divida la cuajada escurrida en 10 pedazos; cada uno debe pesar aproximadamente 3½

onzas. Dale forma ligera y enrollabolas, luego coloque los quesos al menos a 1 pulgada de distancia sobre una estera colocada en una caja de maduración. Cubra la caja sin apretar con la tapa y déjela reposar a temperatura ambiente durante 8 horas.

6.   Drene el suero y elimine la humedad de la caja, luego deje madurar el queso entre 50 ° F y 55 ° F y 85 por ciento de humedad durante 2 días. Ajuste la tapa para que esté ligeramente abierta durante una parte de cada día para mantener el nivel de humedad deseado. La superficie del queso debe aparecer húmeda pero no mojada.

7.   En un tazón o frasco pequeño, combine la ceniza vegetal con la 1 cucharadita de sal restante. El uso de desechablesguantes, use un colador de malla Vne para espolvorear los quesos con la ceniza vegetal, cubriéndolos completamente. Golpee suavemente la ceniza sobre la superficie de los quesos. Coloque los quesos espolvoreados sobre una estera de queso limpia en una caja de maduración seca. Madure a 50 ° F a 55 ° F y 85 por ciento de humedad, volteando los quesos diariamente para mantener la forma redonda.

8.   Dos días después de haber quemado los quesos, rocíelos muy ligeramente con la solución de moho. Asegure la tapa en la caja de maduración. Después de unos 5 días, aparecerán los primeros signos de moho blanco difuso a través de la ceniza. Después de 10 a 14 días, los quesos estarán completamente cubiertos de

moho blanco. La superficie arrugada también comenzará a desarrollarse dentro de los 10 días.

9.   A las 2 semanas, limpie y seque la caja de maduración, envuelva los quesos en papel de queso y devuélvalos a la caja de maduración. Los quesos comenzarán a ablandarse en aproximadamente una semana. Después de un total de 3 semanas desde el inicio de la maduración, almaceneen el frigorífico. Lo mejor es consumir estos quesos cuando hayan alcanzado la madurez deseada, aproximadamente de 3 a 4 semanas desde el inicio de la maduración.

13. Crottin

HACE cuatro quesos de 3½ onzas

* 1 galón de leche de cabra pasteurizada

- 1 cucharadita de cultivo iniciador mesófilo en polvo Meso I o Aroma B Una pizca de polvo de moho Penicillium candidum
- Pizca de polvo de molde Geotrichum candidum 15
- 1 cucharadita de cloruro de calcio diluido en ¼ de taza de agua fría sin cloro
- 1 cucharadita de cuajo líquido diluido en ¼ de taza de agua fría sin cloro
- 1 cucharada de sal marina Hne

1. Deje reposar la leche a temperatura ambiente durante 1 hora. En una olla no reactiva de 6 cuartos, caliente la leche a fuego lento a 72 ° F; esto debería tardar unos 10 minutos. Turnoo el calor.

2. Espolvorear la leche con el iniciador y los polvos de molde y dejar rehidratar durante 5 minutos. Mezcle bien con un batidor de arriba a abajo. Agregue el cloruro de calcio y mezcle suavemente durante 1 minuto, luego agregue el cuajo de la misma manera. Cubra y mantenga 72 ° F, dejando que la leche madure durante 18horas, o hasta que la cuajada forme una masa sólida.

3. Coloque 4 moldes de crottin en una rejilla de drenaje colocada sobre una bandeja. Corta con cuidado rodajas de cuajada de ½ pulgada de grosor con un cucharón o una espumadera y vierte suavemente las rodajas de cuajada en los moldes.peaje. Escurrir hasta que se puedan agregar más cuajada a los moldes. No tenga la tentación de agregar otro molde; la cuajada se comprimirá a medida que se drene el suero, dejando espacio para toda la cuajada.

4. Cuando toda la cuajada se haya colocado en los moldes, cúbralos con un paño de cocina limpio y deje que los quesos se escurren a temperatura ambiente. Retire el suero acumulado unas cuantas veces mientras drena, limpiando la bandeja con una toalla de papel cada vez.

5. Después de 12 horas, o cuando los quesos estén lo suficientemente Wrm para manipular, invierta suavemente los moldes en su palma para colocar los quesos en sus moldes. Haga esto tres veces más durante las próximas 36 horas para ayudar en la formación uniforme de los quesos y el desarrollo de las bacterias. Después de 48 horas, la cuajada se habrá reducido aproximadamente a la mitad de la altura del molde.

6. Una vez que los quesos hayan dejado de escurrir y la cuajada se haya comprimido por debajo del punto medio del molde, coloque un tapete en una caja de maduración. Retire los quesos de los moldes y espolvoree la sal por la parte superior e inferior de los quesos. Colóquelos al menos a 1 pulgada de distancia sobre la estera en la caja de maduración y deje que la sal se disuelva durante 10 minutos. Limpia la humedad de las paredes de la caja.

7. Cubra la caja sin apretar con la tapa y déjela reposar a temperatura ambiente durante 8 horas. Drene el suero y elimine la humedad de la caja, luego deje madurar los quesos a 50 ° F

8. a 55 ° F y 90 por ciento de humedad, mojando los quesos diariamente. Durante los primeros días, ajuste la tapa para

que esté ligeramente abierta durante una parte de cada día para mantener el nivel de humedad deseado. Demasiada humedad creará una superficie indeseablemente húmeda. La superficie de los quesos debe aparecer húmeda pero no mojada.

9. Después de unos 5 días, aparecerán los primeros signos de moho blanco difuso. Después de 10 a 14 días, los quesos estarán completamente cubiertos de moho blanco. Limpiar y secar la caja de maduración, envolver los quesos en papel de queso y devolverlos a la caja de maduración.

10. Los quesos comenzarán a ablandarse en aproximadamente una semana. Después de un total de 3 semanas desde el inicio de la maduración, envuelva los quesos en papel de queso fresco y guárdelos en el refrigerador. Lo mejor es consumir estos quesos cuando hayan alcanzado la madurez deseada, entre 3 y 4 semanas desde el inicio de la maduración.

14. Fromage à l'Huile

HACE cuatro discos de crottin de 6 onzas

- 2 galones de leche de cabra pasteurizada
- 1 cucharadita de cultivo iniciador mesófilo en polvo MM 100 o MA 011 Una pizca de levadura Choozit CUM
- Una pizca de polvo de molde Penicillium candidum Una pizca de polvo de molde Geotrichum candidum 17
- ¼ de cucharadita de cloruro de calcio diluido en ½ taza de agua fría sin cloro ¼ de cucharadita de cuajo líquido diluido en ½ taza de agua fría sin cloro
- 2 cucharaditas de sal kosher (preferiblemente de la marca Diamond Crystal) o sal de queso

1. En una olla no reactiva de 10 cuartos, caliente la leche a fuego medio a 75 ° F; esto debería tardar unos 12 minutos. Apaga el fuego.

2. Espolvoree el iniciador, la levadura y los polvos de molde sobre la leche y déjala rehidratar durante 5 minutos. Mezcle bien con un batidor de arriba a abajo.

3. Cubra y mantenga 75 ° F, dejando que la leche madure durante 25 minutos. Mezcle suavemente el cloruro de calcio durante 1 minuto y luego agregue el cuajo de la misma manera.

4. Cubra y deje reposar, manteniendo 75 ° F durante 15 a 20 horas, hasta que el pH del suero esté por debajo de 4.6 pero no por debajo de 4.4. En este punto, la cuajada se habrá separado de los lados de la tina y habrá grietas en el cuerpo de la cuajada y una capa de suero de ½ pulgada encima de la cuajada.

5. Coloque una rejilla para escurrir sobre una bandeja y coloque 4 moldes para hornear en la rejilla. La cuajada se puede colocar en cucharadas grandes y escurrir en una gasa húmeda durante 10 a 15 horas y luego empacar en los moldes de crottin o verter suavemente en cucharadas pequeñas directamente en los moldes. De cualquier manera, una vez que la cuajada esté en los moldes, déjala escurrir de 15 a 36 horas a temperatura ambiente.

6. Espolvoree ¼ de cucharadita de sal kosher sobre la parte superior de cada queso en su molde. Después de unas 10 horas de escurrido, la cuajada estará firme y mantendrá su forma.

7. Después de 12 horas de tiempo total de escurrido, desmoldar los quesos, picarlos y devolverlos a los moldes y a la rejilla para que escurran más. Espolvorea otro ¼ de cucharadita de sal sobre cada queso en su molde.

8. Desmolde los quesos y colóquelos sobre una estera de queso para que se sequen al aire entre 60 ° F y 65 ° F. Voltee los quesos al día siguiente, luego déjelos reposar hasta que haya un crecimiento visible de moho en la superficie; esto debería llevar de 3 a 5 días.

9. Cuando haya crecimiento, coloque los quesos y muévalos a un lugar más húmedo y frío, en una caja de maduración a 45 ° F a 48 ° F y 90 por ciento de humedad. Voltee los quesos a diario hasta que estén completamente cubiertos de moho blanco; esto debería suceder dentro de los 10 días.

10. Después de un total de 2 semanas desde el inicio de la maduración, envuelva los quesos en papel de queso y guárdelos en el refrigerador.

11. Lo mejor es consumir estos quesos cuando hayan alcanzado la madurez deseada, entre 2 y 3 semanas desde el inicio de la maduración, o más tiempo para un sabor más fuerte.

15. Camembert con infusión de hongos

HACE dos quesos de 8 onzas

- Polvo de molde Penicillium candidum
- 4½ cucharaditas de sal kosher (preferiblemente de la marca Diamond Crystal), sal de queso o sal marina Lne Pake
- 1 onza de hongos shiitake secos en rodajas 1 galón de leche de vaca entera pasteurizada
- ¼ de cucharadita MM 100 de cultivo iniciador mesófilo en polvo Una pizca de polvo de molde Geotrichum candidum 15
- ¼ de cucharadita de cloruro de calcio diluido en ¼ de taza de agua fría sin cloro ¼ de cucharadita de cuajo líquido diluido en ¼ de taza de agua fría sin cloro
1. Doce horas antes de comenzar, combine una pizca de P. candidum, ½ cucharadita de sal y 1 litro de agua fría sin

cloro en un atomizador o botella rociadora. Almacene entre 50 ° F y 55 ° F.

2.   En una olla no reactiva de 6 cuartos, mezcle los champiñones con la leche, luego caliéntelos a fuego lento a 110 ° F a 112 ° F. Apague el fuego y mantenga la temperatura durante 55 minutos. Cuela la leche a través de un colador de malla ne, presionando los champiñones hacia abajo para exprimir cualquier líquido. Desecha los champiñones.

3.   Enfríe la leche a 90 ° F, luego espolvoree el iniciador, ⅛ de cucharadita de polvo de moho P. candidum y el polvo de moho Geotrichum candidum sobre la leche y déjela rehidratar durante 5 minutos. Mezcle bien con un batidor de arriba a abajo. Agregue el cloruro de calcio y mezcle suavemente, luego agregue el cuajo de la misma manera. Cubra y deje reposar, manteniendo una temperatura de 85 ° F durante 1 hora y media, o hasta que la cuajada se rompa por completo.

4. 4. Corte la cuajada en trozos de ½ pulgada y déjela reposar durante 5 minutos para que se asiente. Con una espátula de goma, revuelva suavemente alrededor de los bordes de la olla durante 5 minutos para encoger la cuajada y evitar que se enrede. Deje reposar la cuajada durante 5 minutos; se hundirán hasta el fondo.

5.   Coloque una rejilla de drenaje sobre una bandeja, coloque una tabla de cortar en la rejilla y una estera de queso en la tabla y, finalmente, coloque los dos moldes de

camembert de 4 pulgadas sobre el tapete. Sirva un poco de suero y, utilizando una espumadera, vierta suavemente la cuajada en los moldes. Deje escurrir durante 2 horas, hasta que la cuajada se haya reducido aproximadamente a la mitad de la altura de los moldes.

6. Coloque una segunda alfombra y una tabla de cortar sobre la parte superior de los moldes. Con una mano sosteniendo la tabla superior firmemente contra el tapete y los moldes, levante y golpee suavemente los moldes y colóquelos nuevamente en la rejilla de drenaje.

7. Deje escurrir durante 2 horas, luego ip nuevamente. En este punto, la cuajada debe tener de 1½ a 2 pulgadas de alto. Tape y deje escurrir a temperatura ambiente durante 8 horas o toda la noche. Voltea los quesos nuevamente y deja escurrir por 2 horas más.

8. Retire los moldes y espolvoree unas 2 cucharaditas de sal sobre la parte superior y los lados de los quesos. Dejar actuar durante 10 minutos, dejando que la sal se disuelva. En este punto, rocíe ligeramente con la solución de molde. Coloque los quesos con la sal hacia abajo sobre un tapete limpio en una caja de maduración y sal por el otro lado, usando las 2 cucharaditas de sal restantes.

9. Cubra la caja con la tapa ligeramente abierta para que circule un poco de aire y deje madurar los quesos entre 50 ° F y 55 ° F y 90 por ciento de humedad. La alta humedad es esencial para la elaboración de este queso. Voltee los quesos a diario, eliminando el suero y la humedad que se hayan acumulado en la caja de maduración. Mantener cubierto para mantener el nivel de humedad.

10. Después de unos 5 días, aparecerán los primeros signos de moho blanco difuso. Continúe con la ip de los quesos todos los días.

11. Después de 10 a 14 días, los quesos estarán completamente cubiertos de moho blanco. Envuélvalos sin apretar en papel de queso y devuélvalos a la caja de maduración a 50 ° F a 55 ° F y 85 por ciento de humedad. Los quesos comenzarán a ablandarse en aproximadamente una semana.

12. Después de un total de 4 semanas desde el inicio de la maduración, mueva los quesos al refrigerador hasta que alcancen la madurez deseada, hasta 6 semanas desde el inicio de la maduración.

16. Robiola floreciente

HACE 2 libras

- Robiola
- 1 galón de leche de vaca entera pasteurizada
- 1 galón de leche de cabra pasteurizada
- 1 cucharadita de cultivo iniciador mesófilo en polvo MM 100
- 1 cucharadita de polvo de molde Geotrichum candidum 15
- 1 cucharadita de cloruro de calcio diluido en ¼ de taza de agua fría sin cloro 4 gotas de cuajo diluido en ¼ de taza de agua sin cloro
- Sal kosher (preferiblemente de la marca Diamond Crystal)

1. En una olla no reactiva de 10 cuartos, caliente las leches a fuego lento a 95 ° F; esto debería tardar unos 25 minutos. Apaga el fuego.

2. Espolvorea el iniciador y el polvo de molde sobre las leches y deja rehidratar durante 5 minutos. Mezcle bien con un batidor de arriba a abajo. Agregue el cloruro de calcio y mezcle suavemente, y luego agregue el cuajo de la misma manera. Cubra y deje reposar, manteniendo 95 ° F por hasta 18 horas, o hasta que la cuajada se rompa por completo.

3. Coloque una rejilla de drenaje sobre una bandeja, seguida de una estera de queso. Coloque 2 moldes de camembert sobre el tapete. Con una espumadera, vierta suavemente la cuajada en los moldes. Deje escurrir a temperatura ambiente durante 8 a 10 horas, o hasta que la cuajada se haya comprimido a 1½ a 2 pulgadas.

4. Espolvoree ¼ de cucharadita de sal kosher sobre la parte superior de cada queso en su molde. Después de 10 a 12 horas de escurrido, la cuajada estará firme y mantendrá su forma. Desmolde los quesos, póngalos en un recipiente y devuélvalos a la rejilla para que escurran más. Espolvoree otro ¼ de cucharadita de sal sobre cada queso.

5. Deje que los quesos se escurran durante 2 horas, luego coloque los quesos sobre una estera de queso limpia en una caja de maduración. Cubra la caja con su tapa y déjela madurar a 77 ° F y 92 a 95 por ciento de humedad.

Cada 8 horas, afloje la tapa para permitir que circule el aire.

6. Después de 30 a 48 horas (dependiendo de cuándo deje de drenar el suero), baje la temperatura a 55 ° F y mantenga la humedad del 92 al 95 por ciento.

7. Después de unos 5 días, aparecerán los signos de una superficie blanca cremosa. Continúe pegando los quesos a diario y elimine el exceso de humedad de la caja. Después de 7 a 10 días, los quesos tendrán un tono de superficie rosado. Después de 3 a 4 semanas, es posible que se haya formado algo de moho azul en la superficie.

8. En este punto el queso estará muy maduro y apenas contenido por su fina corteza. Puede usar los quesos ahora, envolverlos y guardarlos en el refrigerador o continuar añejándolos hasta por 3 meses.

17. San Marcelino

HACE cuatro rondas de 3 onzas

- 3 cuartos de leche de vaca entera pasteurizada
- 1 cucharadita de cultivo iniciador mesófilo en polvo Meso II Una pizca de polvo de moho Penicillium candidum
- Pizca de polvo de molde Geotrichum candidum 15
- ¼ de cucharadita de cloruro de calcio diluido en ¼ de taza de agua fría sin cloro 6 gotas de cuajo líquido diluido en ¼ de taza de agua fría sin cloro
- 3 cucharaditas de sal kosher (preferiblemente de la marca Diamond Crystal) o sal de queso

1. En una olla no reactiva de 4 cuartos, caliente la leche a fuego lento a 75 ° F; esto debería tardar unos 12 minutos. Apaga el fuego.

2.   Espolvoree el iniciador y los polvos de molde sobre la leche y déjela rehidratar durante 5 minutos. Mezcle bien con un batidor de arriba a abajo. Agregue el cloruro de calcio y mezcle suavemente, luego agregue el cuajo de la misma manera. Cubra y deje reposar, manteniendo 72 ° F a 75 ° F durante 12 horas.

3.   Corta la cuajada en rodajas de ½ pulgada con un cucharón o una espumadera. Con una espátula de goma, revuelva suavemente alrededor de los bordes de la olla, luego deje reposar la cuajada durante 5 minutos.

4.   Coloque una rejilla de drenaje sobre una bandeja, luego coloque 4 moldes de Saint-Marcellin en la rejilla. Sirva la cuajada en un colador o colador forrado con muselina de mantequilla húmeda y deje escurrir durante 15 minutos. Coloque la cuajada en los moldes hasta la parte superior, luego déjela escurrir hasta que se pueda agregar más cuajada a los moldes.

5. No tenga la tentación de agregar otro molde; la cuajada se comprimirá a medida que se drene el suero. El proceso durará unos 30 minutos. Escurre la cuajada a temperatura ambiente. Después de 6 horas, coloque los quesos en los moldes y espolvoree la parte superior con 1 ½ cucharadita de sal. Deje escurrir por otras 6 horas, luego pase los quesos en los moldes nuevamente y espolvoree la parte superior con la 1½ cucharadita de sal restante y escurra por otras 6 horas.

6. Desmolde los quesos y colóquelos sobre una estera de queso en una caja de maduración. Tape la caja sin apretar y deje que los quesos se escurran a temperatura ambiente durante 48 horas, remojando los quesos diariamente y retirando el suero que se haya acumulado.

7. Madure a 55 ° F y 90 por ciento de humedad durante 14 días, o hasta que se haya desarrollado un moho blanco y difuso que cubra el queso, Yip los quesos diariamente y continúe eliminando el suero. Los quesos están listos para comer en este momento, o se pueden añejar más.

8. Coloque cada disco en una vasija de barro poco profunda y cubra con una envoltura de plástico o la tapa de la vasija. Si no se usan vasijas, envuelva los quesos en papel de queso o envoltura de plástico y guárdelos en el refrigerador hasta por 6 semanas.

18. Valençay

HACE cuatro quesos en forma de pirámide de 3 a 4 onzas

- 1 galón de leche de cabra pasteurizada
- 1 cucharadita de cultivo iniciador mesofílico en polvo Meso I o Aroma B ⅛ cucharadita de polvo de moho Penicillium candidum
- Pizca de polvo de molde Geotrichum candidum 15
- 1 cucharadita de cloruro de calcio diluido en ¼ de taza de agua fría sin cloro
- 1 cucharadita de cuajo líquido diluido en ¼ de taza de agua fría sin cloro
- 1 taza de ceniza vegetal en polvo
- 2 cucharaditas de sal marina

1. En una olla no reactiva de 6 cuartos, caliente la leche a fuego lento a 72 ° F; esto debería tardar unos 10 minutos. Apaga el fuego.

2. Espolvoree el iniciador y los polvos de molde sobre la superficie de la leche y déjela rehidratar durante 5 minutos. Mezcle bien con un batidor de arriba a abajo. Agregue el cloruro de calcio y mezcle suavemente durante 1 minuto, luego agregue el cuajo de la misma manera. Cubra y deje reposar, manteniendo 72 ° F durante 12horas o hasta que la cuajada dé un corte limpio.

3. Corta la cuajada en rodajas de ½ pulgada con un cucharón o una espumadera. Con una espátula de goma, revuelva suavemente alrededor de los bordes de la olla durante 5 minutos, luego deje reposar la cuajada durante 5 minutos.

4. Coloque una rejilla de drenaje en una bandeja, luego coloque 4 moldes piramidales truncados en la rejilla. Coloque las rodajas de cuajada en los moldes hasta que se llenen, luego déjelas escurrir hasta que se puedan agregar más cuajada a los moldes. No tenga la tentación de agregar otro molde; la cuajada se comprimirá a medida que se drene el suero.

5. Cubra con un paño de cocina y deje escurrir los quesos durante 48 horas a temperatura ambiente, retirando el suero unas cuantas veces mientras escurre y retirando el suero acumulado con una toalla de papel cada vez que lo drene. Voltee los moldes después de 12 horas o cuando

los quesos estén lo suficientemente firmes para manipular, luego Xip unas cuantas veces más durante las próximas 36 horas. Al cabo de 48 horas, la cuajada se habrá reducido aproximadamente a la mitad de la altura del molde.

6.   Retirar los moldes y combinar la ceniza vegetal con la sal en un bol pequeño. El uso de desechablesguantes, use un colador de una malla para espolvorear los quesos con ceniza vegetal, cubriendo ligeramente cada uno por completo. Golpee suavemente la ceniza sobre la superficie de los quesos.

7.   Coloque los quesos al menos a 1 pulgada de distancia sobre una estera de queso limpia en una caja de maduración. Cubra sin apretar con la tapa y deje reposar a temperatura ambiente durante 24 horas. Limpie la humedad de la caja,luego madura a 50 ° F a 55 ° F y 90 por ciento de humedad durante 3 semanas.

8.   Durante los primeros días, ajuste la tapa para que esté ligeramente abierta durante una parte de cada día para mantener el nivel de humedad deseado. La superficie de los quesos debe aparecer húmeda pero no mojada.

9.   Continúe con la ip de los quesos todos los días. Después de unos 5 días, aparecerán los primeros signos de moho blanco difuso a través de la ceniza. Después de 10 a 14 días, los quesos estarán completamente cubiertos de moho blanco. A medida que el queso continúa

envejeciendo, la superficie se volverá de un gris muy claro.

10.   Envuelva los quesos en papel de queso y devuélvalos a la caja de maduración; comenzarán a ablandarse en aproximadamente una semana. Después de un total de 4 semanas desde el inicio de la maduración, envuelva los quesos en papel de queso fresco y guárdelos en el refrigerador. Lo mejor es consumir este queso cuando haya alcanzado la madurez deseada, dentro de las 4 a 6 semanas desde el inicio de la maduración.

QUESOS DE CORTEZA LAVADA Y CORTEZA SUAVIZADA

19. Queso trapense de cilantro lavado con cerveza

HACE 1 libra

- 1 galón de leche de vaca entera pasteurizada
- 1½ cucharaditas de semillas de cilantro, trituradas
- 1½ cucharaditas de piel de naranja granulada
- 1 cucharadita de cultivo iniciador mesófilo en polvo Meso II
- 1 cucharadita de cloruro de calcio diluido en ¼ de taza de agua fría sin cloro
- 1 cucharadita de cuajo líquido diluido en ¼ de taza de agua fría sin cloro
- Sal kosher (preferiblemente de la marca Diamond Crystal)
- Una botella de cerveza belga de 12 onzas a temperatura ambiente, más de 16 a 24 onzas más para lavar

1. En una cacerola no reactiva de 2 cuartos, caliente 1 cuarto de leche a fuego lento a 90 ° F; esto debería tardar unos 20 minutos. Agregue 1 cucharadita de cilantro y 1 cucharadita de cáscara de naranja, luego suba lentamente la temperatura a 110 ° F en el transcurso de 10 minutos. Apague el fuego, cubra y deje reposar durante 45 minutos o hasta que la temperatura vuelva a bajar a 90 ° F.

2. Coloque los 3 cuartos de leche restantes en una olla de 6 cuartos de galón que no reacciona. Vierta la leche remojada a través de un colador de malla N en la olla más grande de leche y mezcle para combinar. Deseche el cilantro y la naranja. Lleve la leche a 90 ° F a fuego lento; esto debería tomar 5 minutos. Apaga el fuego.

3. Espolvorea el iniciador sobre la leche y deja que se rehidrate durante 5 minutos. Mezcle bien con un batidor de arriba a abajo. Cubra y mantenga a 90 ° F, permitiendo que la leche madure durante unos minutos. Agregue el cloruro de calcio y mezcle suavemente durante 1 minuto, luego agregue el cuajo de la misma manera. Cubra y deje reposar, manteniendo 90 ° F por 1hora, o hasta que la cuajada dé un corte limpio.

4. Manteniendo todavía los 90 ° F, corte la cuajada en trozos de ½ pulgada y déjela reposar durante 10 minutos. Revuelva suavemente la cuajada durante 15 minutos para expulsar más suero, luego deje reposar por otros 10 minutos. La cuajada se encogerá al tamaño de frijoles pequeños. Mientras tanto, caliente 2 cuartos de galón de agua a 175 ° F. Cucharóno suero suficiente para exponer la cuajada. Agregue suficiente agua caliente para llevar la temperatura a 93 ° F.

5. Revuelva por 10 minutos. Repita el proceso de quitar el suero y agregar agua caliente, esta vez llevando la temperatura a 100 ° F. Revuelva durante 15 minutos, luego deje que la cuajada se asiente durante 10 minutos. Cubra y deje reposar por 45 minutos, manteniendo 100 ° F. La cuajada se mate y formará una losa.

6. Drenar oD suero suficiente para exponer la losa de cuajada. Transfiera la losa a un colador con fondo de tina, colóquela sobre la olla y déjela escurrir durante 5 minutos. Transfiera la losa a una tabla de cortar y córtela en rodajas de ⅜ de pulgada de grosor. Coloque en un tazón y mezcle suavemente con 2 cucharaditas de sal.

7. Forre un molde tomme de 5 pulgadas con una gasa húmeda y colóquelo en una rejilla para escurrir. Empaque bien la mitad de la cuajada en el molde, cubra con las colas de tela y el seguidor, y presione a 5 libras durante 10 minutos, solo para compactar ligeramente la cuajada. Quite el paño y espolvoree la ½ cucharadita restante de cilantro y ½ cucharadita de cáscara de naranja, luego coloque el resto de la cuajada molida.

8. Cubrir con las colas de tela y el seguidor y presionar a 8 libras durante 6 horas a temperatura ambiente. Retire el queso del molde, desenvuelva, ip y vuelva a colocar, luego presione nuevamente a 8 libras durante 8 horas para comprimir completamente la cuajada.

9. Vierta la botella de cerveza en un recipiente no reactivo con tapa lo suficientemente grande como para contener tanto la cerveza como el queso. Retirar el queso

del molde y la gasa y colocar en la cerveza. Remoje el queso, cubierto, durante 8 horas a 55 ° F, inclinando una vez.

10.   Retire el queso de la cerveza y séquelo. Reserva y refrigera la cerveza y coloca el queso sobre una estera de queso. Deje secar al aire a temperatura ambiente durante 12 horas. Regrese el queso a la cerveza y déjelo en remojo durante otras 12 horas a 55 ° F. Retirar, secar y secar al aire a temperatura ambiente durante 12 horas, o hasta que la superficie esté seca al tacto. Desecha la cerveza.

11.   Prepare un lavado de salmuera: hierva ½ taza de agua y déjela enfriar, mezcle con ½ taza de cerveza, luego disuelva 1 cucharadita de sal en el líquido. Conservar en el frigorífico.

12.   Coloque el queso sobre un tapete en una caja de maduración y madure a 50 ° F y 90 por ciento de humedad durante 4 a 6 semanas. Voltee el queso todos los días durante las primeras 2 semanas, luego dos veces por semana a partir de entonces.

13. Después de cada propina, vierta un poco de agua con salmuera en un plato pequeño, sumerja un trozo pequeño de gasa en él y úselo para limpiar la superficie del queso. Deseche cualquier lavado de salmuera que no haya usado después de 1 semana y prepare un lote nuevo. También limpie la humedad del fondo, los lados y la tapa de la caja de maduración cada vez que limpie el queso.

14. Envuelva el queso en papel de queso y guárdelo refrigerado hasta por 1 mes. Si sella el queso al vacío, retírelo del paquete y séquelo antes de consumirlo.

20. Cabra al vino

HACE 1½ libras

- 2 galones de leche de cabra pasteurizada

- ¼ de cucharadita de cultivo iniciador mesófilo en polvo Meso II
- 1 cucharadita de cloruro de calcio diluido en ¼ de taza de agua fría sin cloro

- ¾ de cucharadita de cuajo líquido diluido en ¼ de taza de agua fría sin cloro
- Sal kosher (preferiblemente de la marca Diamond Crystal)
- Una botella de vino tinto de 750 ml, refrigerada a 55 ° F

1. En una olla no reactiva de 10 cuartos, caliente la leche a fuego lento a 90 ° F; esto debería tardar unos 20 minutos. Apaga el fuego.

2. Espolvorea el iniciador sobre la leche y deja que se rehidrate durante 5 minutos. Mezcle bien con un batidor de arriba a abajo. Cubra y mantenga a 90 ° F, dejando que la leche madure durante 30 minutos. Agregue el cloruro de calcio y mezcle suavemente durante 1 minuto, luego agregue el cuajo de la misma manera. Cubra y deje reposar, manteniendo 90 ° F por 1hora, o hasta que la cuajada dé un corte limpio.

3. Manteniendo aún los 90 ° F, corte la cuajada en trozos de ¾ de pulgada y déjela reposar durante 5 minutos. Revuelva suavemente la cuajada durante 20 minutos, luego deje reposar.

4. Mientras tanto, caliente 2 cuartos de galón de agua a 175 ° F. Cucharóno suero suficiente para exponer la cuajada. Agregue suficiente agua caliente para llevar la temperatura a 93 ° F. Revuelva por 5 minutos. Repita el proceso de quitar el suero y agregar agua caliente, esta vez llevando la temperatura a 102 ° F. Revuelva durante 15 minutos y luego deje que la cuajada se asiente durante 10 minutos.

5. Cubra y deje reposar por minutos, manteniendo 102 ° F. La cuajada se matizará ligeramente y formará una losa.

6. Escurrirsuero suficiente para exponer la losa de cuajada. Con un colador de malla o un cucharón, voltee suavemente la cuajada cada 5 minutos durante 15 minutos. Coloque la losa en un tazón y, con las manos, rómpala en trozos de ½ pulgada y mezcle suavemente con 2 cucharaditas de sal.

7. Forre un molde tomme de 8 pulgadas con muselina de mantequilla húmeda y colóquelo en una rejilla para escurrir. Llenar el molde con la cuajada molida, cubrir con los extremos del paño y el seguidor, y presionar a 5 libras durante 8 horas a temperatura ambiente. Retirar el queso del molde, desenvolverlo, ip y volverlo a colocar,luego presione nuevamente a 5 libras durante 8 horas a temperatura ambiente.

8. Vierta el vino en un recipiente no reactivo con tapa lo suficientemente grande como para contener tanto vino como queso. Retirar el queso del molde y el paño y colocarlo en el vino. Remoje el queso, cubierto, durante 12 horas a 55 ° F, volteando una vez.

9. Retire el queso del vino y seque. Reserva y refrigera el vino y coloca el queso sobre una estera de queso. Deje secar al aire a temperatura ambiente durante 12 horas. Regrese el queso al vino y déjelo en remojo por otras 12 horas a 55 ° F. Retirar, secar y secar al aire a temperatura

ambiente durante 12 horas, o hasta que la superficie esté seca al tacto. Desecha el vino.

10.   Coloque el queso sobre un tapete en una caja de maduración y madure a 50 ° F y 85 por ciento de humedad durante 6 semanas. Dale la vuelta al queso todos los días paralas primeras 2 semanas, luego dos veces por semana a partir de entonces. Después de cada Fip, limpie la superficie con un pequeño trozo de estopilla humedecido en una pequeña cantidad de salmuera: hierva ½ taza de agua y déjela enfriar, luego agregue 1 cucharadita de sal y revuelva para disolver.

11. Conservar en el frigorífico. El lavado con salmuera controlará el crecimiento de moho no deseado. Deseche cualquier lavado de salmuera no utilizado después de 1 semana y prepare un lote nuevo. También limpie la humedad del fondo, los lados y la tapa de la caja de maduración cada vez que pase el queso.

12.   Después de 2 semanas de maduración, puede recubrir con cera el queso y refrigerar durante el tiempo de envejecimiento: hasta 6 semanas. Si no desea encerar la capa, simplemente mantenga el queso en la caja de maduración durante 6 semanas como se especifica en el paso 9. Después de aproximadamente 3 semanas y media, el queso tendrá un aroma a humedad, de bodega y tienda de quesos.

21. Pavé desierto atardecer

HACE Dos quesos de 10 onzas o un queso de 1½ libra

- 2 galones de leche de vaca entera pasteurizada
- 1 cucharadita de cultivo iniciador mesófilo en polvo MA 4001
- ⅛ cucharadita de polvo de molde Penicillium candidum
- Pizca de polvo de molde Geotrichum candidum 15
- 1 cucharadita de cloruro de calcio diluido en ¼ de taza de agua fría sin cloro
- 1 cucharadita de cuajo líquido diluido en ¼ de taza de agua fría sin cloro
- Sal kosher (preferiblemente de la marca Diamond Crystal) para salmuera y lavado
- Achiote líquido para salmuera y lavado

1. En una olla no reactiva de 10 cuartos, caliente la leche a fuego lento a 90 ° F; esto debería tomar 20 minutos. Apaga el fuego.

2. Espolvoree el iniciador y los polvos de molde sobre la leche y déjela rehidratar durante 5 minutos. Mezcle bien con un batidor de arriba a abajo. Cubra y mantenga a 90 ° F, permitiendo que la leche madure durante 1 hora. Agregue el cloruro de calcio y mezcle suavemente, luego agregue el cuajo de la misma manera. Cubra y deje reposar, manteniendo 90 ° F durante 30minutos, o hasta que la cuajada dé un corte limpio.

3. Manteniendo aún los 90 ° F, corte la cuajada en trozos de ¾ de pulgada y déjela reposar durante 5 minutos para que se asiente. Revuelva suavemente la cuajada durante 30 minutos, retirando 2 tazas de suero cada 10 minutos. Luego deja reposar la cuajada durante 10 minutos.

4. Forre un molde Taleggio cuadrado de 7 pulgadas o dos moldes cuadrados para queso de 4 pulgadas con muselina de mantequilla húmeda. Coloque los moldes en una rejilla de drenaje sobre una bandeja y vierta suavemente la cuajada en los moldes, presionándolos en las esquinas con la mano. Cubra la cuajada con las colas de tela y cubra todo el montaje con un paño de cocina. Deje escurrir durante 6 horas en un lugar cálido de la cocina. Retire el queso del molde, desenvuelva, limpie y vuelva a colocar, luego deje escurrir durante 6 horas más.

5. Dos horas antes de que finalice el tiempo de drenaje, remojo en salmuera combinando 2½ tazas de agua fría sin

cloro, ½ taza de sal y 8 gotas de achiote en un recipiente no reactivo con tapa lo suficientemente grande para contener la salmuera y el queso.

6. Revuelva para disolver la sal por completo, luego enfríe de 50 ° F a 55 ° F. Retirar el queso del molde y el paño y colocarlo en la salmuera. Remoje el queso, cubierto, de 50 ° F a 55 ° F durante 8 horas, remojando al menos una vez.

7. Retire el queso de la salmuera y seque. Deje secar al aire a temperatura ambiente sobre una estera o rejilla para queso durante 24 horas, o hasta que la superficie esté seca al tacto.

8. Coloque el queso sobre una estera en una caja de maduración y madure a 50 ° F y 85 por ciento de humedad, inclinando cada dos días. Al menos 2 horas antes de sumergir el queso el tiempo de reposo, hacer un lavado con salmuera combinando 1½ cucharaditas de sal, 3 gotas de achiote y 1 taza de agua fría sin cloro en un frasco de vidrio esterilizado; agite bien para disolver la sal, luego enfríe de 50 ° F a 55 ° F.

9. Después de cada Wip, vierta un poco de salmuera en un plato pequeño, sumerja un trozo pequeño de gasa en él, escúrralo y úselo para limpiar la superficie del queso.

10. Deseche cualquier lavado de salmuera no utilizado después de 1 semana y prepare un lote nuevo. También limpie la humedad del fondo, los lados y la tapa de la caja de maduración cada vez que pase el queso. 8.

11. La cáscara se volverá crujiente y rugosa, y en 10 a 14 días se desarrollará un color naranja; esto se hará más profundo a medida que los quesos envejezcan. Después

de 4 semanas, la corteza debe estar ligeramente húmeda y el centro del queso debe sentirse suave; en este punto, está listo para comer. Consumir en 2 semanas.

22. Estilo teleme de corteza lavada

HACE 2 libras

- 2 galones de leche de vaca entera pasteurizada
- 1 cucharadita de cultivo iniciador mesófilo en polvo MA 4001
- 1 cucharadita de cloruro de calcio diluido en ¼ de taza de agua fría sin cloro
- 1 cucharadita de cuajo líquido diluido en ¼ de taza de agua fría sin cloro
- 2 cucharadas de sal kosher (preferiblemente de la marca Diamond Crystal) o sal de queso

1. En una olla no reactiva de 10 cuartos, caliente la leche a fuego lento a 86 ° F; esto debería tomar 15 minutos. Apaga el fuego.

2. Espolvorea el iniciador sobre la leche y deja que se rehidrate durante 5 minutos. Mezcle bien con un batidor de arriba a abajo. Cubra y mantenga a 86 ° F, permitiendo que la leche madure durante 1 hora. Agregue el cloruro de calcio y mezcle suavemente durante 1 minuto, luego agregue el cuajo de la misma manera. Cubra y deje reposar, manteniendo 86 ° F durante 30 a 45 minutos, o hasta que la cuajada se rompa por completo.

3. Corte la cuajada en trozos de 1½ pulgada y déjela reposar durante 5 minutos. A fuego lento, lleve lentamente la cuajada a 102 ° F durante un período de 40 minutos, revolviendo continuamente para evitar que se enreden. La cuajada liberará más suero, se elevará y se encogerá al tamaño de habas grandes.

4. Una vez que alcance los 102 ° F, retire del fuego, mantenga la temperatura y deje reposar la cuajada durante 30 minutos. Caliente 2 cuartos de galón de agua a 120 ° F. Cucharón o + suero suficiente para exponer la cuajada. Agregue suficiente agua caliente para llevar la temperatura a 104 ° F. Revuelva continuamente durante 15 minutos, o hasta que la cuajada se adhiera cuando se presiona en su mano.

5.   Cubra un colador con muselina de mantequilla húmeda y colóquelo sobre un tazón o balde lo suficientemente grande para capturar el suero, que puede desecharse. Vierta suavemente la cuajada en el colador y enjuague con agua fría sin cloro para enfriarlos. Deje escurrir durante 5 minutos, luego espolvoree 1 cucharada de sal y revuelva suave y completamente con las manos.

6.   Coloque un tapete en una rejilla de drenaje colocada sobre una bandeja, luego coloque un molde Taleggio cuadrado de 7 pulgadas en el tapete. Coloca el saco de cuajada enjuagada en el molde y presiona la cuajada en las esquinas. Cubra la parte superior de la cuajada con las colas de tela y presione con las manos para matizar la cuajada. Deje escurrir a temperatura ambiente durante 6 horas para un queso húmedo u 8 horas para un queso Xrmer. Voltee el queso una vez a la mitad de este período de drenaje.

7.   Retire el queso del molde y seque. Frote la superficie del queso con la 1 cucharada de sal restante y vuelva a colocarlo en el molde sin el paño. Regrese el molde a la alfombra en la rejilla de drenaje durante 12 horas, Sumergir una vez en ese tiempo.

8.   Retire el queso del molde y colóquelo en una caja de maduración a 50 ° F a 55 ° F y 85 por ciento de humedad durante al menos 2 semanas, volteando el queso diariamente para una maduración uniforme.

9. Después de 1 semana, lave con una solución de salmuera simple dos veces por semana hasta por 2 meses de tiempo

de maduración. Cuando se alcance la madurez deseada, envuelva y refrigere hasta que esté listo para comer.

23. Cabra con espíritu de vodka de limón

HACE 1½ libras

- 2 galones de leche de cabra pasteurizada
- 1 cucharadita de cultivo iniciador mesófilo en polvo MM 100
- ¼ de cucharadita de cultivo iniciador termofílico en polvo Thermo B Geotrichum candidum 15 moho en polvo
- ¼ de cucharadita de cloruro de calcio diluido en ¼ de taza de agua fría sin cloro
- 1 cucharadita de cuajo líquido diluido en ¼ de taza de agua fría sin cloro
- Sal kosher (preferiblemente de la marca Diamond Crystal) o sal de queso Una pizca de brevibacterium linens en polvo
- 1 taza de vodka de limón Charbay Meyer u otro vodka con infusión de limón

1. En una olla no reactiva de 10 cuartos, caliente la leche a fuego lento a 90 ° F; esto debería tardar unos 20 minutos. Apaga el fuego.

2. Espolvorea ambos entrantes y una pizca del polvo de molde sobre la leche y deja rehidratar por 5 minutos. Mezcle bien con un batidor de arriba a abajo. Cubra y mantenga a 90 ° F, permitiendo que la leche madure durante 45 minutos. Agregue el cloruro de calcio y mezcle suavemente durante 1 minuto, luego agregue el cuajo de la misma manera. Cubra y deje reposar, manteniendo 90 ° F durante 30 a 45 minutos, o hasta que la cuajada se rompa por completo.

3.   Manteniendo aún los 90 ° F, corte la cuajada en trozos de ½ pulgada y déjela reposar durante 10 minutos. Revuelva suavemente la cuajada durante 10 minutos,luego déjelo reposar durante 30 minutos. Lentamente suba la temperatura a 100 ° F durante 30 minutos, revolviendo la cuajada cada 5 minutos. Deje reposar la cuajada durante unos 10 minutos; se hundirán hasta el fondo.

4.   Vierta suficiente suero para exponer la cuajada, luego vierta suavemente la cuajada en un colador forrado con muselina de mantequilla húmeda y deje escurrir durante 5 minutos.

5.   Forre un molde tomme de 8 pulgadas o un molde Taleggio cuadrado de 7 pulgadas con muselina de mantequilla húmeda y colóquelo en una rejilla para escurrir. Transfiera la cuajada al molde, distribuyéndola suavemente y presionando en el molde con la mano. Cubra la cuajada con las colas de tela y un seguidor y presione a 3 libras durante 1 hora.

6.   Retire el queso del molde, desenvuelva, levante y vuelva a colocar, luego presione a 5 libras durante 12 horas, Dar propina una vez a las 6 horas.

7.   Prepare 2 cuartos de galón de salmuera saturada (consulte la Tabla de salmuera) y enfríe de 50 ° F a 55 ° F. Retire el queso del molde y el paño y colóquelo en la salmuera para remojar a 50 ° F a 55 ° F durante 8 horas, volteando al menos una vez durante el proceso de salmuera.

8.   Retire el queso de la salmuera y séquelo. Deje secar al aire sobre una estera de queso a temperatura ambiente durante 12 horas, o hasta que la superficie esté seca.

9.   Coloque el queso sobre un tapete en una caja de maduración y envejezca a 50 ° F a 55 ° F y 90 por ciento de humedad, mojando diariamente durante 1 semana. Cada vez que coloques el queso, limpia la humedad del fondo, los lados y la tapa de la caja.

10.   Después de 1 semana, comience a lavar la superficie con lavado bacteriano. Doce horas antesEn el primer lavado, prepare la solución disolviendo 1½ cucharaditas de sal en 1 taza de agua fría sin cloro en un frasco de vidrio esterilizado. Agregue 1 pizca de polvo de molde Geotrichum candidum y polvo de B. lino, bata para incorporar, cubra y almacene a 55 ° F.

11.   Cuando esté listo para lavar, vierta 1 ½ cucharada del lavado bacteriano en un tazón pequeño, conservando el resto para otro lavado. Sumerja un pequeño trozo de gasa en la solución, exprima el exceso y frótelo por toda la superficie del queso. Con una toalla de papel, limpie el exceso de humedad de la caja de maduración. Dale la vuelta al queso y devuélvelo a la caja de maduración. Deseche cualquier lavado bacteriano que quede en el recipiente.

12.   Lave el queso dos veces por semana durante 2 meses, alternando el lavado bacteriano con licores. Para lavar con el vodka, vierta un poco de vodka en un bol, sumerja un

pequeño trozo de gasa en él, escúrralo y frótelo por toda la superficie del queso.

13. Desecha el vodka que quede en el tazón. La corteza se volverá ligeramente pegajosa y, a los 10 a 14 días, se desarrollará un color naranja claro, que se intensificará a medida que el queso envejezca. A los 2 meses, la corteza debe estar ligeramente húmeda y el queso debe estar suave al tacto en el centro; ahora está listo para comer. El queso debe consumirse dentro de los 3 meses.

24. Époisses

HACE dos quesos de ½ libra

- 1 galón de leche de vaca entera pasteurizada
- 1 cucharadita de cultivo iniciador mesófilo en polvo Meso II
- Pizca de polvo de lino Brevibacterium
- ¼ de cucharadita de cloruro de calcio diluido en ¼ de taza de agua fría sin cloro
- 2 gotas de cuajo líquido diluidas en ¼ de taza de agua fría sin cloro
- Sal kosher (preferiblemente de la marca Diamond Crystal)
- 3 tazas de brandy Marc de Bourgogne, otro brandy de orujo similar o grappa

1. En una olla no reactiva de 10 cuartos, caliente la leche a fuego lento a 86 ° F; esto debería tardar unos 15 minutos. Apaga el fuego.

2. Espolvoree el iniciador y la ropa de cama en polvo sobre la leche y déjela rehidratar durante 5 minutos. Mezcle bien con un batidor de arriba a abajo. Cubra y mantenga a 86 ° F, permitiendo que la leche madure durante 30 minutos. Agregue el cloruro de calcio y mezcle suavemente durante 1 minuto, luego agregue el cuajo de la misma manera. Tapar y dejar madurar la leche durante 4 horas a temperatura ambiente, hasta que la cuajada se rompa limpiamente.

3. A fuego lento, lleve la cuajada a 86 ° F. Corte la cuajada en trozos de ¾ de pulgada y déjela reposar durante 5 minutos. En este punto, la cuajada estará extremadamente blanda.

4. Forre dos moldes de Camembert de 4 pulgadas con una gasa húmeda y colóquelos en una rejilla para escurrir sobre una bandeja. Vierta suavemente la cuajada en los moldes, cubra con las colas de tela y cubra todo el montaje con un paño de cocina. Deje escurrir durante 24 horas a temperatura ambiente, preferiblemente en un lugar cálido de la cocina. Una vez que la cuajada escurrida se haya reducido a la mitad de la altura de los moldes, rasga los quesos cada 2 horas.

5. Retirar los quesos de los moldes y trapo. Frote aproximadamente 1 cucharadita de sal sobre toda la

superficie de cada queso. Deje secar al aire a temperatura ambiente en una rejilla durante 18 horas, hasta que la superficie esté seca al tacto.

6.   Coloque los quesos sobre un tapete en una caja de maduración y envejezca a 50 ° F y 90 por ciento de humedad.

7. ipar cada 3 días durante 6 semanas. Antes de rasgar el queso por primera vez, haga un lavado con salmuera disolviendo 1 cucharadita de sal en ½ taza de agua hervida y enfriándola a 50 ° F a 55 ° F. Cada vez que lave el queso, primero use una toalla de papel para limpiar la humedad de la superficie del queso, luego limpie toda la superficie del queso con un trozo pequeño de gasa humedecido en salmuera. Deseche cualquier lavado de salmuera no utilizado. También use una toalla de papel para limpiar la humedad del fondo, los lados y la tapa de la caja de maduración cada vez que ponga el queso.

8.

9. Después de la primera semana, comience a alternar el lavado de salmuera con un lavado de brandy diluido (50 por ciento de brandy y 50 por ciento de agua). Vierta un poco de brandy diluido en un plato pequeño, sumerja un pequeño trozo de gasa y frótelo sobre toda la superficie del queso. Deseche cualquier colada de brandy que quede en el plato. A las 3 semanas, comience a alternar el lavado de salmuera con brandy sin diluir.

10.   Continuar lavando y Comprimir el queso cada 3 días durante un total de 6 semanas. La corteza se volverá

ligeramente pegajosa y muy aromática, ya los 10 a 14 días se desarrollará un color naranja pálido; esto cambiará al color del brandy usado y se intensificará a medida que el queso envejezca. A las 6 semanas, la corteza debe estar húmeda pero no pegajosa, el centro del queso debe sentirse muy suave y la pasta debe estar líquida. Cuando el queso se esté acercando a la madurez deseada, transfiéralo a la tradicional caja de queso de madera para terminar (ver nota principal). Lleve el queso al refrigerador cuando esté completamente maduro y consúmalo en 2 semanas.

25. Morbier

HACE 1¾ libras

- 2 galones de leche de vaca entera pasteurizada

- 1 cucharadita de cultivo iniciador mesófilo en polvo Meso II
- Polvo de ropa de cama Brevibacterium
- ½ cucharadita de cloruro de calcio diluido en ¼ de taza de agua fría sin cloro
- ½ cucharadita de cuajo líquido diluido en ¼ de taza de agua fría sin cloro
- ⅛ cucharadita de ceniza vegetal mezclada con ⅛ cucharadita de sal marina Kne
- Sal kosher (preferiblemente de la marca Diamond Crystal) o sal de queso

1. En una olla no reactiva de 10 cuartos, caliente la leche a fuego lento a 90 ° F; esto debería tardar unos 20 minutos. Apaga el fuego.

2. Espolvorea el entrante y una pizca de B. lino en polvo sobre la leche y deja que se rehidrate durante 5 minutos. Mezcle bien con un batidor de arriba a abajo. Cubra y mantenga a 90 ° F, permitiendo que la leche madure durante 1 hora. Agregue el cloruro de calcio y mezcle suavemente durante 1 minuto, luego agregue el cuajo de la misma manera.

3. Cubra y deje reposar, manteniendo 90 ° F durante 30 minutos, o hasta que la cuajada se rompa por completo.

4. Manteniendo 90 °F, corte la cuajada en trozos de ¾ de pulgada y déjela reposar durante 5 minutos. A fuego muy bajo, suba lentamente la temperatura a 100 ° F durante 30 minutos, revolviendo varias veces. Deje reposar la cuajada durante unos 10 minutos. Con una taza medidora, retire aproximadamente la mitad del suero y reemplácelo con suficiente agua a 110 ° F para que la cuajada alcance los 104 ° F. Revuelva suavemente durante 5 minutos, luego deje que la cuajada se asiente.

5. Forre 2 coladores con muselina de mantequilla húmeda, divida la cuajada entre ellos y deje escurrir durante 20 minutos. Cubra una rejilla de drenaje con toallas de papel húmedas, extendiendo las toallas unas pulgadas más allá de los bordes de la rejilla y coloque un molde de tomme de 8 pulgadas encima. Forre el molde con muselina de mantequilla húmeda.

6. Transfiera el contenido de 1 colador de cuajada escurrida al molde y presione la cuajada en los bordes con las manos. Usando guantes desechables, use un colador de malla ne para espolvorear con cuidado la superficie de la cuajada con ceniza a menos de ½ pulgada del borde.

7. Las toallas de papel humedecidas deben atrapar las cenizas sueltas. Agregue suavemente el segundo lote de cuajada sobre la capa de ceniza y presione los bordes con las manos. Levante la tela y alise las arrugas, luego cubra la cuajada con las colas de tela y el seguidor y presione a 5 libras durante 1 hora. Retire el queso del molde, desenvuelva, ip y vuelva a colocar, luego presione a 8 libras durante 12 horas o durante la noche.

8. Prepare 2 cuartos de galón de salmuera casi saturada (consulte la Tabla de salmuera) y enfríe de 50 ° F a 55 ° F. Retire el queso del molde y el paño y colóquelo en la salmuera para remojar a 50 ° F a 55 ° F durante 6 horas.Triturar al menos una vez durante el proceso de salmuera.

9. Retire el queso de la salmuera y seque. Colóquelo sobre una estera de queso y déjelo secar al aire a temperatura ambiente durante 12 horas, o hasta que la superficie esté seca al tacto.

10. Coloque el queso sobre un tapete en una caja de maduración para que envejezca a una temperatura de 50 ° F a 55 ° F y de 85 a 90 por ciento de humedad durante 1 semana. Dar la vueltaTodos los días, use una toalla de

papel para limpiar la humedad acumulada en la caja cada vez que inclina el queso.

11. Después de 1 semana, lave la superficie con lavado bacteriano. Doce horas antes de este lavado, prepare la solución: Hierva ½ taza de agua y déjela enfriar en un frasco de vidrio, luego agregue 1 cucharadita de sal kosher y revuelva para disolver. Agregue una pizca pequeña de B. lino en polvo, cubra el frasco con la tapa y agite suavemente para que se disuelva. Ponga a un lado a temperatura ambiente para que las bacterias se rehidraten.

12. Cuando esté listo para lavar, vierta 1 ½ cucharada del lavado bacteriano en un tazón pequeño, conservando el resto para otro lavado. Sumerja un pequeño trozo de gasa en la solución, exprima el exceso y frótelo sobre toda la superficie del queso. Dale la vuelta al queso y devuélvelo a la caja de maduración. Deseche cualquier lavado bacteriano que quede en el recipiente.

13. Dos veces a la semana, lave el queso con un trozo de estopilla humedecido en salmuera simple (consulte la Tabla de salmuera) o frote la superficie del queso con un cepillo suave humedecido en salmuera. Repita este proceso dos veces por semana durante 2 meses,

14. Tirando el queso cada vez. La cáscara se volverá ligeramente pegajosa y, a los 10 a 14 días, se desarrollará un color naranja claro, que se intensificará a un tono bronceado a medida que el queso envejece.

15. Después de 3 semanas, la pasta debajo de la superficie en los bordes del queso comenzará a sentirse suave. Continúe lavándose o cepillándose durante 2 meses.

16. A los 2 meses, la corteza debe estar ligeramente húmeda (no pegajosa) y el queso debe estar suave al tacto; ahora está listo para comer. O envuelva el queso en papel de queso y refrigérelo para que envejezca hasta por 2 meses más si lo desea.

26. Port salut

HACE 1¼ libras

- 6 cuartos de leche de vaca entera pasteurizada
- 1 cucharadita de cultivo iniciador mesófilo en polvo Meso II Brevibacterium linens powder
- 1 cucharadita de cloruro de calcio diluido en ¼ de taza de agua fría sin cloro
- 1 cucharadita de cuajo líquido diluido en ¼ de taza de agua fría sin cloro Sal kosher (preferiblemente de la marca Diamond Crystal) o sal de queso

1. En una olla no reactiva de 8 cuartos, caliente la leche a fuego lento a 90 ° F; esto debería tardar unos 20 minutos. Apaga el fuego.

2. Espolvorea el entrante y una pizca de B. lino en polvo sobre la leche y deja que se rehidrate durante 5 minutos. Mezcle bien con un batidor de arriba a abajo. Cubra y mantenga a 90 ° F, permitiendo que la leche madure durante 1 hora. Agregue el cloruro de calcio y mezcle suavemente durante 1 minuto, luego agregue el cuajo de la misma manera. Cubra y deje reposar, manteniendo 90 ° F durante 30minutos, o hasta que la cuajada dé un corte limpio.

3. Cortar la cuajada en trozos de ½ pulgada y dejar reposar durante 10 minutos. Mientras tanto, caliente 1 litro de agua a 140 ° F. Cucharóno aproximadamente un tercio del suero y reemplácelo con suficiente agua a 140 ° F para llevar la temperatura a 92 ° F. Revuelva suavemente durante 10 minutos, luego deje que la cuajada

se asiente durante 10 minutos. Repita el proceso, nuevamente quitando un tercio del suero y esta vez agregando suficiente agua a 140 ° F para llevar la temperatura a 98 ° F. Revuelva suavemente durante 10 minutos, luego deje que la cuajada se asiente durante 15 minutos.

4.   Forre un colador con una gasa húmeda, vierta la cuajada en él y deje escurrir durante 10 minutos. Forre un molde tomme de 5 pulgadas con una gasa húmeda y colóquelo en una rejilla para escurrir. Transfiera la cuajada escurrida al molde de queso forrado, presionando la cuajada en los bordes con la mano.

5.   Levante la tela y alise las arrugas, cubra la cuajada con las colas de tela y el seguidor, y presione a 5 libras durante 30 minutos. Retire el queso del molde, desenvuelva, incline y vuelva a colocar, luego presione a 8 libras durante 12 horas o durante la noche.

6.   Prepare 2 cuartos de galón de salmuera saturada (consulte la Tabla de salmuera) y enfríe de 50 ° F a 55 ° F. Retire el queso del molde y el paño y colóquelo en la salmuera para remojar a 50 ° F a 55 ° F durante 8 horas, volteando al menos una vez durante el proceso de salmuera.

7.   Retire el queso de la salmuera y seque. Coloque sobre una estera de queso y deje secar al aire a temperatura ambiente durante 12 horas. Coloque el queso sobre un tapete en una caja de maduración y envejezca a 50 ° F a

55 ° F y 90 a 95 por ciento de humedad, mojando diariamente durante 1 semana. Cada vez que sumerja el queso, limpie la humedad del fondo, los lados y la tapa de la caja de maduración con una toalla de papel.

8. Después de 1 semana, comience a lavar la superficie con lavado bacteriano. Doce horas antesEn el primer lavado, prepare la solución: Hierva ½ taza de agua y déjela enfriar en un frasco de vidrio, luego agregue 1 cucharadita de sal kosher y revuelva para disolver.

9. Agregue una pizca pequeña de B. lino en polvo, cubra el frasco con la tapa y agite suavemente para que se disuelva. Ponga a un lado a temperatura ambiente para que las bacterias se rehidraten.

10. Cuando esté listo para lavar, vierta 1½ cucharadas del lavado bacteriano en un tazón pequeño, conservando el resto para otro lavado. Sumerja un pequeño trozo de gasa en la solución, exprima el exceso y frote toda la superficie del queso. Dale la vuelta al queso y devuélvelo a la caja de maduración. Deseche cualquier lavado bacteriano que quede en el recipiente.

11. Repite este proceso cada 2 días, mojando el queso cada vez. Después de haber lavado el queso con un lavado bacteriano 4 veces, cámbielo a salmuera (1 cucharadita de sal disuelta en ½ taza de agua hervida, enfriada a 50 ° F a 55 ° F).

12. La corteza se volverá ligeramente pegajosa y, a los 10 a 14 días, se desarrollará un color amarillo anaranjado

claro; este color se intensificará a medida que el queso envejezca.

13. Continúe lavando y madurando durante 4 semanas en total. En este punto, la corteza debe estar húmeda pero no pegajosa y el centro del queso debe sentirse algo suave. Consumir dentro de las 2 semanas posteriores a la madurez deseada.

27. Reblochon

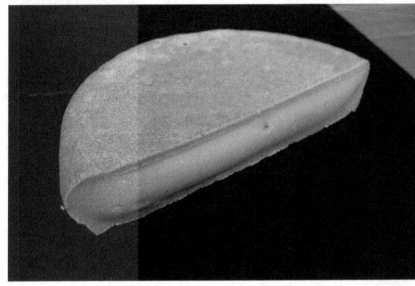

HACE dos quesos de 1 libra

- 2 galones de leche de vaca entera pasteurizada
- 1 cucharadita de cultivo iniciador mesófilo en polvo Meso II
- ⅛ cucharadita de polvo de lino Brevibacterium
- 1 cucharadita de cloruro de calcio diluido en ¼ de taza de agua fría sin cloro
- 1 cucharadita de cuajo líquido diluido en ¼ de taza de agua fría sin cloro
- Sal kosher (preferiblemente de la marca Diamond Crystal) o sal de queso

1. En una olla no reactiva de 10 cuartos, caliente la leche a fuego lento a 85 ° F; esto debería tardar unos 15 minutos. Apaga el fuego.

2.   Espolvoree el iniciador y la ropa de cama en polvo sobre la leche y déjela rehidratar durante 5 minutos. Mezcle bien con un batidor de arriba a abajo. Cubra y mantenga a 85 ° F, permitiendo que la leche madure durante 30 minutos. Agregue el cloruro de calcio y mezcle suavemente durante 1 minuto, luego agregue el cuajo de la misma manera. Cubra y deje reposar, manteniendo 85 ° F durante 30minutos, o hasta que la cuajada dé un corte limpio.

3.   Manteniendo todavía los 85 ° F, corte la cuajada en trozos de ½ pulgada y déjela reposar durante 5 minutos. Caliente lentamente la cuajada a 95 ° F durante 30 minutos, revolviendo cada 10 minutos, luego retire del fuego y deje que la cuajada se asiente.

4.   Vierta suficiente suero para exponer la cuajada. Forre dos moldes para tomme de 5 pulgadas con una gasa húmeda y colóquelos en una rejilla para escurrir sobre una bandeja. Transfiera la cuajada a los moldes; es posible que tenga que amontonarlos en los moldes, pero todos encajarán después de 10 a 15 minutos de escurrir.

5.   Deje escurrir durante 15 minutos, luego levante el paño y alise las arrugas. Cubre la cuajada con las colas de tela y los seguidores. Deje escurrir en la rejilla durante 30 minutos, luego Xip los quesos, devuélvalos a los moldes y vuelva a colocar los seguidores. Voltee cada 20 minutos durante 2 horas, luego presione a 5 libras durante 12 horas o durante la noche.

6.   Retirar los quesos de los moldes y trapo. Espolvoree 1 cucharadita de sal en la parte superior e inferior de cada queso. Coloque los quesos sobre un tapete en una caja de maduración yedad a 55 ° F y 90 por ciento de humedad, Qipping cada dos días.

7. Antes de darle la vuelta al queso por primera vez, haga un lavado con salmuera: hierva ½ taza de agua y déjela enfriar, luego agregue 1 cucharadita de sal kosher y revuelva para disolver. Conservar en el frigorífico. Cada vez que Ups el queso, limpie la superficie con un trozo pequeño de gasa humedecido en una pequeña cantidad de agua salada.

8. El lavado con salmuera controlará el crecimiento de moho no deseado. Deseche cualquier lavado de salmuera no utilizado y prepare un lote nuevo cada semana. También limpie la humedad del fondo, los lados y la tapa de la caja de maduración cada vez que coloque el queso.

9.   Continúe limpiando y lavando el queso cada 2 días durante 2 a 6 semanas. A los 10 a 14 días, se desarrollará un color amarillo anaranjado claro, que se intensificará a medida que el queso envejece. A las 4 semanas, la corteza debe estar húmeda pero no pegajosa y el centro del queso debe sentirse suave. Envuelva el queso en papel de queso, refrigere cuando esté en la madurez deseada y consúmalo dentro de las 2 semanas posteriores a la madurez deseada.

28. Taleggio

HACE Un queso de 2 libras o dos quesos de 1 libra

- 2 galones de leche de vaca entera pasteurizada
- 1 cucharadita de cultivo iniciador mesófilo en polvo Meso II
- Pizca de polvo de lino Brevibacterium

- 1 cucharadita de cloruro de calcio diluido en ¼ de taza de agua fría sin cloro
- 1 cucharadita de cuajo líquido diluido en ¼ de taza de agua fría sin cloro
- Sal kosher (preferiblemente de la marca Diamond Crystal) o sal de queso

1. Caliente la leche en una olla no reactiva de 10 cuartos a fuego lento a 90 ° F; esto debería tomar 20 minutos. Apaga el fuego.

2. Espolvoree el iniciador y la ropa de cama en polvo sobre la leche y déjela rehidratar durante 5 minutos. Mezcle bien con un batidor de arriba a abajo. Cubra y mantenga a 90 ° F, permitiendo que la leche madure durante 1 hora. Agregue el cloruro de calcio y mezcle suavemente durante 1 minuto, luego agregue el cuajo de la misma manera. Cubra y deje reposar, manteniendo 90 ° F durante 30minutos, o hasta que la cuajada dé un corte limpio.

3. Manteniendo aún los 90 ° F, corte la cuajada en trozos de ¾ de pulgada y déjela reposar durante 5 minutos. Revuelva suavemente la cuajada durante 30 minutos, retirando 2 tazas de suero cada 10 minutos. Luego, deje reposar la cuajada durante 10 minutos.

4. Forre un molde Taleggio cuadrado de 7 pulgadas o dos moldes de queso sin fondo cuadrados de 4 pulgadas con una gasa húmeda y colóquelos en una rejilla para escurrir sobre una bandeja. Cuchara suavemente la

cuajada en los moldes, presionándolos en los bordes con la mano.

5. Cubra con las colas de tela y cubra todo el montaje con un paño de cocina. Deje escurrir durante 12 horas a temperatura ambiente, preferiblemente en un lugar cálido de la cocina. Cada 2 horas, retire el queso del molde, desenvuelva, ip y vuelva a pegar.

6. Prepare 3 cuartos de galón de salmuera saturada (consulte la Tabla de salmuera) y enfríe de 50 ° F a 55 ° F. Retire el queso del molde y el paño y colóquelo en la salmuera para remojar a 50 ° F a 55 ° F durante 8 horas, volteando al menos una vez durante el proceso de salmuera.

7. Retire el queso de la salmuera y seque. Deje secar al aire a temperatura ambiente sobre una estera de queso durante 24 horas, o hasta que la superficie esté seca al tacto. Coloque sobre un tapete en una caja de maduración para envejecer a 50 ° F y 90 por ciento de humedad, inclinando cada dos días.

8. Antes de sumergir el queso por primera vez, haga un lavado con salmuera: hierva ½ taza de agua y déjela enfriar, luego agregue 1 cucharadita de sal kosher y revuelva para disolver. Conservar en el frigorífico. Cada vez que coloques el queso, limpia la superficie con un trozo pequeño de gasa humedecido en una pequeña cantidad de agua salada.

9. El lavado con salmuera controlará el crecimiento de moho no deseado. Deseche cualquier lavado de salmuera no utilizado y prepare un lote nuevo cada semana. También limpie la humedad del fondo, los lados y la tapa de la caja de maduración cada vez que limpie el queso.

10. Voltee y lave el queso cada 2 días durante 4 a 5 semanas. A los 10 a 14 días, se desarrollará un color amarillo anaranjado claro, que se intensificará a medida que el queso envejece. A las 4 o 5 semanas, la corteza debe estar húmeda pero no pegajosa y el centro del queso debe sentirse suave. Consumir dentro de las 2 semanas posteriores a la madurez deseada.

QUESOS AZULES

29. Chèvre Bloomy Blue Log

HACE Dos troncos de 6 onzas

- 1 galón de leche de cabra pasteurizada
- 1 cucharadita de cultivo iniciador mesófilo en polvo Aroma B
- ⅛ cucharadita de polvo de molde Penicillium candidum
- Pizca de polvo de molde Geotrichum candidum 15
- Pizca de polvo de molde Penicillium roqueforti
- 1 cucharadita de cloruro de calcio diluido en ¼ de taza de agua fría sin cloro
- 1 cucharadita de cuajo líquido diluido en ¼ de taza de agua fría sin cloro
- 1 cucharada de sal marina Hne
- 1½ cucharada de ceniza vegetal

1. Caliente la leche en una olla no reactiva de 6 cuartos de galón a fuego lento a 72 ° F; esto debería tomar 10 minutos. Apaga el fuego.

2. Espolvoree el iniciador y los polvos de molde sobre la leche y déjela rehidratar durante 5 minutos. Mezcle bien con un batidor de arriba a abajo. Agregue el cloruro de calcio y mezcle suavemente durante 1 minuto, luego agregue el cuajo de la misma manera.

3. Cubra y deje reposar, manteniendo 72 ° F durante 18 horas, o hasta que la cuajada forme una masa Xrm y el suero se cubra en la parte superior.

4. Coloque 2 moldes de Camembert u otros moldes redondos de lados rectos sobre un tapete en una rejilla de drenaje sobre una bandeja, y establezca 2 moldes Saint-Maure cilíndricos dentro de ellos.

5. Con un cucharón o una espumadera, corte suavemente rodajas de cuajada de ½ pulgada de grosor y colóquelas en los moldes cilíndricos para Oll. Deje escurrir hasta que se puedan agregar más cuajada a los moldes. No tenga la tentación de agregar otro molde; la cuajada se comprimirá a medida que se drene el suero, dejando espacio para toda la cuajada.

6. Cubre los moldes, la rejilla y la bandeja con un paño de cocina y deja escurrir los quesos durante 24 horas a temperatura ambiente. Retire el suero acumulado unas

cuantas veces mientras drena, limpiando la bandeja cuando lo haga. Voltee los quesos después de 6 horas, o cuando estén lo suficientemente Krm para manipular, luego sumérjalos unas cuantas veces más durante las 24 horas.horas. Al cabo de 24 horas, la cuajada se habrá reducido aproximadamente a la mitad de la altura de los moldes.

7. Una vez que los quesos hayan dejado de escurrir y la cuajada se haya comprimido por debajo del punto medio de los moldes, retire los moldes y espolvoree 2 cucharaditas de sal sobre toda la superficie de cada queso. Colóquelo en la rejilla durante 10 minutos para permitir que la sal se disuelva.

8. En un tazón o frasco pequeño, combine la ceniza vegetal con la 1 cucharadita de sal restante. El uso de desechablesguantes, use un colador de malla Vne para espolvorear ligeramente los quesos con ceniza vegetal, cubriéndolos completamente. Golpee suavemente la ceniza sobre la superficie de los quesos.

9. Coloque los quesos espolvoreados al menos a 1 pulgada de distancia sobre una estera de queso limpia en una caja de maduración. Cubra la caja sin apretar con la tapa y déjela reposar a temperatura ambiente durante 24 horas. Deje escurrir y limpie la humedad de la caja, luego deje madurar el queso entre 50 ° F y 55 ° F y 90 por ciento de humedad durante 2 semanas.

10. Durante los primeros días, ajuste la tapa para que esté ligeramente abierta durante una parte de cada día para mantener el nivel de humedad deseado. La superficie del queso debe aparecer húmeda pero no mojada.

11.   Voltee los quesos un cuarto de vuelta al día para mantener su forma de tronco. Después de unos 5 días, aparecerán los primeros signos de moho blanco difuso. Después de 10 a 14 días, los quesos estarán completamente cubiertos de moho blanco. Después de 3 semanas, algunos dela ceniza oscura aparecerá a través del moho blanco. Si se deja un poco más de tiempo, aparecerá una ceniza más oscura. Después de un total de 4 semanas desde el inicio de la maduración, envuelva en papel de queso y guárdelo en el refrigerador. Lo mejor es consumir este queso cuando alcance la madurez deseada.

30. Gouda azul

HACE 1½ libras

- 2 galones de leche de vaca entera pasteurizada
- 1 cucharadita de cultivo iniciador mesófilo en polvo Meso II ⅛ cucharadita de polvo de moho Penicillium roqueforti
- 1 cucharadita de cloruro de calcio diluido en ¼ de taza de agua fría sin cloro (omitir si usa leche cruda)
- 1 cucharadita de cuajo líquido diluido en ¼ de taza de agua fría sin cloro
- Sal kosher o sal de queso

1. En una olla no reactiva de 10 cuartos, caliente la leche a fuego lento a 86 ° F; esto debería tomar de 15 a 18 minutos. Apaga el fuego.

2.   Espolvorea el iniciador y el polvo de molde sobre la leche y deja rehidratar durante 5 minutos. Mezcle bien con un batidor de arriba a abajo. Cubra y mantenga a 86 ° F, permitiendo que la leche madure durante 45 minutos. Agregue el cloruro de calcio y mezcle suavemente durante 1 minuto, luego agregue el cuajo de la misma manera.

3.   Cubra y deje reposar, manteniendo 86 ° F durante 30 minutos, o hasta que la cuajada se rompa por completo.

4.   Aún manteniendo 86 °F, corte la cuajada en trozos de ½ pulgada y déjela reposar durante 5 minutos. Luego revuelva durante 5 minutos y deje reposar durante 5 minutos. Caliente 2 cuartos de galón de agua a 140 ° F y mantenga ese calor. Cuando la cuajada se hunda hasta el fondo de la olla, eche 2 tazas de suero con un cucharón, luego agregue suficiente agua a 140 ° F para llevar la cuajada a 92 ° F.

5.   Revuelva suavemente durante 10 minutos, luego deje que la cuajada se asiente. Sirva suficiente suero para exponer la parte superior de la cuajada, luego agregue suficiente agua a 140 ° F para llevar la cuajada a 98 ° F. Revuelva suavemente durante 20 minutos o hasta que la cuajada se haya reducido al tamaño de frijoles pequeños. Deje reposar la cuajada durante 10 minutos; se tejerán juntos en el fondo de la olla.

6.   Calentar un colador con agua caliente, luego escurrir el suero y colocar la cuajada tejida en el colador. Deje escurrir por 5 minutos. Forre un molde tomme de 5

pulgadas con una gasa húmeda y colóquelo en una rejilla para escurrir sobre una bandeja. Con las manos, rompa trozos de cuajada de 1 pulgada y distribúyalos en el molde. Presiónelos ligeramente en su lugar para llenar los espacios.

7. Tire de la tela hacia arriba apretada y suave, cubra la cuajada con las colas de tela y el seguidor, y presione a 5 libras durante 30 minutos.

8. Retirar el queso del molde, desenvolver, levantar y volver a colocar, luego presione a 10 libras durante 6 horas.

9. Prepare 3 cuartos de galón de salmuera saturada (consulte la Tabla de salmuera) y enfríe de 50 ° F a 55 ° F. Retire el queso del molde y el paño y colóquelo en la salmuera para remojar a 50 ° F a 55 ° F durante 8 horas, volteándolo una vez durante la salmuera.

10. Retire el queso de la salmuera y seque. Coloque en una rejilla y deje secar al aire a temperatura ambiente durante 1 a 2 días, o hasta que la superficie esté seca al tacto.

11. Coloque sobre un tapete en una caja de maduración, cubra sin apretar y envejezca a 50 ° F a 55 ° F y 85 por ciento de humedad durante 1 semana. Rasgando a diario. Retire cualquier moho no deseado con un pequeño trozo de gasa humedecido en una solución de vinagre y sal.

12.	Cubra con cera y almacene a 50 ° F a 55 ° F y 75 por ciento de humedad durante al menos 6 semanas y hasta 4 meses. El queso estará listo para comer a las 6 semanas.

31. Manquilla azul

Rinde 10 onzas

- 2 cuartos de leche de vaca entera pasteurizada
- 1 cuarto de suero de leche cultivado, casero (ver variación en Crème Fraîche) o comprado en la tienda

- 2 tazas de crema espesa
- 1 cucharadita MM 100 en polvo de cultivo iniciador mesófilo Penicillium roqueforti moho en polvo
- 1 cucharadita de cloruro de calcio diluido en ¼ de taza de agua fría sin cloro
- 1 cucharadita de cuajo líquido diluido en ¼ de taza de agua fría sin cloro

- 1½ cucharaditas de sal kosher (preferiblemente de la marca Diamond Crystal), sal de queso o sal marina de Lne Pake

1. En una olla de 6 cuartos de galón a fuego lento, caliente la leche, el suero de leche y la crema a 90 ° F; esto debería tardar unos 20 minutos. Apaga el fuego.

2. Espolvorear la entrada y una pizca del polvo de molde sobre la leche y dejar rehidratar durante 5 minutos. Mezcle bien con un batidor de arriba a abajo. Cubra y mantenga a 90 ° F, permitiendo que la leche madure durante 30 minutos. Agregue el cloruro de calcio y mezcle suavemente, luego agregue el cuajo de la misma manera. Cubra y mantenga a 90 ° F durante 1 ½ horas, o hasta que la cuajada se rompa por completo.

3. Manteniendo aún los 90 ° F, corte la cuajada en trozos de 1 pulgada y déjela reposar durante 10 minutos. Luego revuelva suavemente durante 10 minutos para encoger un poco la cuajada y rimarlos. Deje reposar por otros 15 minutos, o hasta que la cuajada se hunda hasta el fondo. Sirva suficiente suero para exponer la cuajada.

4.   Forre un colador con muselina de mantequilla húmeda y vierta suavemente la cuajada en él. Deje escurrir durante 10 minutos. Ate las esquinas del paño para formar un saco de drenaje y cuélguelo durante 20 minutos, o hasta que el suero deje de drenar.

5. Forre un molde Camembert de 4 pulgadas con muselina de mantequilla húmeda y colóquelo en una rejilla sobre una bandeja. Vierta suavemente la cuajada en el molde, llénelo hasta un cuarto de su altura y presione ligeramente con la mano para llenar los huecos.

6.

7. Mide ⅛ de cucharadita de P. roqueforti en polvo. Espolvoree ligeramente la cuajada con un tercio del polvo de molde, luego agregue más cuajada a la mitad del molde, nuevamente presionando suavemente para llenar los huecos y esparciendo otro tercio del polvo de molde sobre la cuajada.

8. Repita hasta Ull el molde con dos capas más de cuajada y una de polvo de molde; la cuajada debe llegar hasta aproximadamente 1 pulgada desde la parte superior del molde. Tire de la tela hacia arriba apretada y suave y cubra la cuajada con las colas de la tela. Deje que el queso se escurra durante 4 horas a temperatura ambiente, luego desenvuelva, sumerja, vuelva a cubrir y deje escurrir durante 4 horas más.

9.   Retirar con cuidado el queso del molde, desenvolverlo y espolvorear un lado con ¾ de cucharadita de sal. Voltea el queso y coloca el molde de queso sobre él. El queso será bastante frágil, así que manipúlelo con cuidado. Colóquelo sobre un tapete en una caja de maduración y espolvoree ¾ de cucharadita de sal restante en la parte superior.

10.   Deje escurrir durante 5 horas, luego retire el molde. Seque los lados del queso con sal. Coloque el queso en una caja de maduración, cúbralo sin apretar con la tapa y añeje a 54 ° F y 75 por ciento de humedad por hasta 1 semana, o hasta que el suero deje de drenar. Voltee el queso todos los días, drene el suero que pueda haberse acumulado en la caja de maduración y use una toalla de papel para limpiar la humedad del fondo, los lados y la tapa de la caja.

11.   Una vez que el suero haya dejado de escurrir, use una aguja de tejer esterilizada o un pincho redondo para perforar el queso hasta el otro lado, cuatro veces horizontalmente y cuatro veces verticalmente. Estos conductos de aire estimularán el crecimiento de moho.

12.   Asegure la tapa de la caja de maduración y madure a 50 ° F y 85 a 90 por ciento de humedad. El moho azul debería aparecer en el exterior después de 10 días. Mira el queso con atención, gírelo a diario y ajuste la tapa si la humedad aumenta y se desarrolla demasiada humedad.

13.   Durante las próximas 2 semanas, perfore el queso una o dos veces más en los mismos lugares para garantizar una aireación adecuada y el desarrollo de las venas azules. Si aparece algún moho excesivo o indeseable en el exterior del queso, frótelo con un trozo pequeño de gasa humedecido en una solución de vinagre y sal.

14. Deje madurar durante 6 semanas, frote cualquier exceso de moho con una gasa seca, luego envuelva el queso en papel de aluminio y guárdelo refrigerado por hasta 3 meses más o más para obtener un Xavor más pronunciado.

32. Cambozola

HACE Dos quesos de 10 onzas

- 2 galones de leche de vaca entera pasteurizada
- 2 galones de crema espesa pasteurizada
- 1 cucharadita de cultivo iniciador mesófilo en polvo Meso II o C101
- ⅛ cucharadita de polvo de molde Penicillium candidum
- 1 cucharadita de cloruro de calcio diluido en ¼ de taza de agua fría sin cloro
- 1 cucharadita de cuajo líquido diluido en ¼ de taza de agua fría sin cloro
- ⅛ cucharadita de polvo de molde Penicillium roqueforti
- 4 cucharaditas de sal kosher (preferiblemente de la marca Diamond Crystal), sal de queso

1. Combine la leche y la crema en una olla no reactiva de 6 cuartos colocada en un baño de agua a 96 ° F a fuego lento y caliéntela suavemente a 86 ° F; esto debería tardar unos 10 minutos. Apaga el fuego.

2. Espolvoree el iniciador y el polvo de moho P. candidum sobre la leche y déjela rehidratar durante 5 minutos. Mezcle bien con un batidor de arriba a abajo. Cubra y mantenga a 86 ° F, permitiendo que la leche madure durante 30 minutos. Agregue el cloruro de calcio y mezcle suavemente, luego agregue el cuajo de la misma manera. Cubra y deje reposar, manteniendo 86 ° F durante 1½horas, o hasta que la cuajada dé un corte limpio.

3.   Corte la cuajada en trozos de ½ pulgada y revuelva suavemente durante 5 minutos. Deje reposar la cuajada durante 5 minutos.

4.   Forre un colador con una gasa húmeda y vierta suavemente la cuajada en él. Deje escurrir por minutos.

5.   Forre 2 moldes Saint-Maure con una gasa húmeda y colóquelos en una rejilla de drenaje sobre una bandeja. Con una espumadera, vierta suavemente la cuajada en los moldes hasta que estén medio llenos. Espolvoree la parte superior de cada queso con la mitad del polvo de molde de P. roqueforti, luego cubra cada molde con la cuajada restante. Deje escurrir durante 6 horas a temperatura ambiente, escurriendo y limpiando el suero que se acumule.

6. Retire el suero acumulado unas cuantas veces durante el drenaje, limpiando la bandeja cuando lo haga. Cuando los quesos estén lo suficientemente firmes para manipular (después de aproximadamente 8 horas), desmolde y desenvuelva y deseche la estopilla, luego pele y devuélvalos a los moldes sin forro. Desmolda y labia una vez más mientras los quesos se escurren. Los quesos deben escurrirse durante 8 a 10 horas en total.

7.   Una vez que los quesos hayan dejado de escurrir, retírelos de los moldes y colóquelos sobre un tapete limpio en una caja de maduración limpia y seca. Espolvoree 2 cucharaditas de sal sobre la parte superior

de los quesos y espere 5 minutos hasta que la sal se disuelva. Dale la vuelta a los quesos y espolvorea la parte superior con las 2 cucharaditas de sal restantes.

8. Cubra la caja sin apretar con su tapa. Madure a 50 ° F a 55 ° F y 90 por ciento de humedad. La alta humedad es esencial para la elaboración de este queso. Voltee los quesos a diario, limpiando el suero que se acumula en la caja de maduración. Cuando los quesos estén secos en la superficie (después de unos 3 días), cubra bien la caja para que continúen madurando.

9. Continúe inyectando los quesos a diario y elimine la humedad de la caja. Después de unos 5 días, aparecerán los primeros signos de moho blanco difuso. Cuando los quesos estén completamente cubiertos de moho blanco (después de aproximadamente 8 días), airee el centro de cada queso perforando horizontalmente desde los lados a través del centro hasta el otro lado con una aguja de tejer esterilizada o una brocheta.

10. Debe haber de 8 a 10 perforaciones en cada queso para permitir el desarrollo adecuado de las venas azules. Perfore nuevamente en los mismos lugares si algún agujero se cierra durante los próximos 10 a 12 días.

11. Envuelva en papel de queso de 10 a 12 días después de perforar y regrese a la caja de maduración. El queso comenzará a ablandarse en aproximadamente una semana. Después de un total de 4 semanas desde el inicio de la maduración, el queso debe estar listo para comer o continuar madurando hasta 6 semanas en el refrigerador.

33. Azul costero

HACE dos quesos de 1 libra

- 2 galones de leche de vaca entera pasteurizada
- 1 cucharadita de cultivo iniciador mesófilo en polvo MM 100
- ⅛ cucharadita de polvo de molde Penicillium roqueforti
- ¼ de cucharadita de cloruro de calcio diluido en ¼ de taza de agua fría sin cloro
- ¼ de cucharadita de cuajo líquido diluido en ¼ de taza de agua fría sin cloro

- 2 cucharadas de sal kosher gruesa (preferiblemente de la marca Diamond Crystal)

1. En una olla no reactiva de 10 cuartos colocada en un baño de agua a 96 ° F a fuego lento, caliente suavemente la leche a 86 ° F; esto debería tardar unos 10 minutos. Apaga el fuego.

2. Espolvoreamos la leche con el iniciador y el polvo de molde y dejamos rehidratar durante 5 minutos. Mezcle bien con un batidor de arriba a abajo. Cubra y mantenga a 86 ° F, dejando que la leche madure durante 1 hora, revolviendo de vez en cuando. Agregue el cloruro de calcio y mezcle suavemente, luego agregue el cuajo de la misma manera. Cubra y deje reposar, manteniendo 86 ° F durante 1 a 1½horas, o hasta que la cuajada dé un corte limpio.

3. Corte la cuajada en trozos de ½ pulgada y revuelva suavemente durante 10 minutos, luego deje que la cuajada se asiente en el fondo de la olla. Vierta 2 cuartos de galón de suero y revuelva la cuajada durante 5 minutos más.

4. Cubra un colador o colador con muselina de mantequilla húmeda y vierta suavemente la cuajada en él. Deje escurrir por 5 minutos. Forre dos moldes de camembert de 4 pulgadas con una gasa húmeda y colóquelos en una rejilla para escurrir sobre una bandeja.

5. Sirva la cuajada en los moldes, tire de la tela alrededor de la cuajada y cubra la parte superior con las colas del paño,

y deje escurrir durante 12 horas a temperatura ambiente. Voltee los quesos al menos cuatro veces para asegurar una forma y apariencia uniformes.

6.   Retire los quesos de los moldes y espolvoree 1 cucharada de sal por toda la superficie de cada uno, cubriéndolos uniformemente. Golpee suavemente la sal en la superficie. Coloque los quesos en un tapete en una caja de maduración y envejezca a 68 ° F a 72 ° F y 90 por ciento de humedad. Deje la tapa entreabierta para que haya algo de movimiento de aire. Dale la vuelta a los quesos todos los días, limpiando el exceso de humedad de la caja con una toalla de papel.

7.   Después de 2 días, use una aguja de tejer esterilizada o un pincho redondo para perforar cada queso hasta el otro lado, 4 veces horizontalmente y 4 veces verticalmente. Estos conductos de aire estimularán el crecimiento de moho.

8.   Coloque los quesos nuevamente en la caja y maduren a 50 ° F a 56 ° F y 85 por ciento de humedad durante 3 a 4 semanas. Después de 10 días, debería comenzar a aparecer moho azul. Dale la vuelta a los quesos todos los días, limpiando el exceso de humedad de la caja con una toalla de papel. Frote cualquier moho indeseable con un trozo de gasa humedecido en una solución de vinagre y sal y escurrido para que se seque.

9. Una vez que se logre el crecimiento suficiente de moho azul, envuélvalos bien en papel de aluminio y refrigere por hasta 4 a 6 meses.

34. Gorgonzola

HACE 1½ libras

- 6 cuartos de leche de vaca entera pasteurizada
- 1 cucharadita de cultivo iniciador mesófilo en polvo MM 100
- 1 cucharadita de cloruro de calcio diluido en ¼ de taza de agua fría sin cloro
- ½ cucharadita de cuajo líquido diluido en ¼ de taza de agua fría sin cloro
- ⅛ cucharadita de polvo de molde Penicillium roqueforti
- Sal kosher

1. En una olla de 4 cuartos de galón no reactiva colocada en un baño de agua de 100 ° F, caliente suavemente 3 cuartos de galón de leche a 90 ° F; esto debería tardar unos 15 minutos. Apaga el fuego.

2. Espolvoree la mitad del iniciador sobre la leche y déjela rehidratar durante 5 minutos. Mezclar bien con un batidor en unmovimiento hacia arriba y hacia abajo. Cubra y mantenga a 90 ° F, dejando que la leche madure durante 30 minutos. Agregue la mitad del cloruro de calcio y mezcle suavemente, luego agregue la mitad del cuajo de la misma manera. Cubra y deje reposar, manteniendo 90 ° F durante 30 minutos, o hasta que la cuajada se rompa por completo.

3. Corte la cuajada en trozos de ¾ de pulgada y déjela reposar durante 10 minutos, luego revuelva suavemente durante 20 minutos para subir ligeramente la cuajada. Deje reposar por otros 15 minutos, o hasta que la cuajada se hunda hasta el fondo.

4. Vierta suficiente suero para exponer la cuajada. Forre un colador con una gasa húmeda y vierta suavemente la cuajada en él. Deje escurrir por 5 minutos. Ate las esquinas de la gasa para formar un saco de drenaje y cuélguelo a 55 ° F para dejar escurrir durante 8 horas o durante la noche.

5. A la mañana siguiente, prepare un segundo lote de cuajada de la misma manera, utilizando la otra mitad de la leche, el iniciador, el cloruro de calcio y el cuajo. Deje que la cuajada se escurra a 55 ° F durante 6 horas. Antes de que el segundo lote termine de drenar, lleve el Krst lote a temperatura ambiente.

6. Desate los sacos y, guardando los lotes separe, rompa la cuajada en trozos de 1 pulgada. Forre un molde Camembert de 4 pulgadas con una gasa húmeda y colóquelo en una rejilla para escurrir.

7. Con las manos, forre el fondo y los lados del molde con una capa delgada del segundo lote de cuajada. Presione ligeramente hacia abajo para llenar los huecos. Coloque la mitad de la cuajada del primer lote en el molde y presione suavemente para llenar los huecos.

8. Espolvorea la parte superior con un tercio del polvo de molde de P. roqueforti, luego repite el proceso dos veces más hasta que el molde se llene con cuatro capas de cuajada, alternando cuajada del primer y segundo lote y terminando con cuajada del segundo lote. El molde debe llenarse hasta aproximadamente 1 pulgada desde la parte superior.

9. Tire de la estopilla alrededor de la cuajada y cubra la parte superior con las colas de la tela y el seguidor. Presione a 5 libras durante 2 horas, luego desmolde, desenvuelva, ip y vuelva a colocar.

10. Presione a 8 libras durante 2 horas. Presione a 8 libras durante 6 horas más, desenvolviendo, moviendo y volviendo a vestirse cada 2 horas.

11. Retire con cuidado el queso del molde, desenvuelva y espolvoree un lado con ¾ de cucharadita de sal. Dale la vuelta al queso y coloca el molde de queso sobre él. El queso será bastante frágil, así que manipúlelo con

cuidado. Colóquelo sobre un tapete en una caja de maduración y espolvoree ¾ de cucharadita de sal por encima. Deje escurrir durante 5 horas,luego ip el queso de nuevo. Repita este proceso una vez al día durante 3 días más, rociando una pizca de sal en cada lado la primera vez que lo aplique cada día, luego escurra durante 5 horas y vuelva a verter. Cada vez que rasgue el queso, drene el suero acumulado y seque la caja con una toalla de papel.

12. Después de los 4 días de salazón, inmersión y escurrimiento, retire el molde y cubra la caja de maduración sin apretar con la tapa. Edad a 50 ° F y 75 por ciento de humedad por hasta 2semanas, o hasta que el suero deje de drenar. Voltee el queso todos los días, eliminando el suero que se acumula en la caja de maduración y limpiando la humedad de los lados de la caja.

13. Una vez que el suero haya dejado de escurrir, use una aguja de tejer esterilizada o un pincho redondo para perforar el queso hasta el otro lado, 4 veces horizontalmente y 4 veces verticalmente. Estos conductos de aire estimularán el crecimiento de moho.

14. Asegure la tapa de la caja de maduración y madure a 50 ° F y 85 a 90 por ciento de humedad. El moho azul debería aparecer en el exterior después de 10 días. Observe el queso con atención, girándolo a diario y ajustando la tapa si la humedad aumenta y se desarrolla demasiada humedad. Retire cualquier moho no deseado

con un trozo de gasa humedecido en una solución de vinagre y sal.

15.   Durante las 2 semanas posteriores a la perforación inicial, perfore el queso una o dos veces más en los mismos lugares para garantizar una aireación adecuada y el desarrollo de las venas azules.

16.   Madurar durante 2 meses, luego envuelva el queso en papel de aluminio y guárdelo refrigerado durante 1 a 3 meses más.

35. Roquefort

HACE 1 libra

- 2 cuartos de leche de vaca entera pasteurizada
- 2 cuartos de crema espesa
- 1 cucharadita de cultivo iniciador mesófilo en polvo MA 4001
- 1 cucharadita de polvo de lipasa suave diluida en ¼ de taza de agua fría sin cloro 20 minutos antes de usar (opcional)
- 1 cucharadita de cloruro de calcio diluido en ¼ de taza de agua fría sin cloro (omitir si usa leche cruda)
- 1 cucharadita de cuajo líquido diluido en ¼ de taza de agua fría sin cloro
- ⅛ cucharadita de polvo de molde Penicillium roqueforti
- 1½ cucharaditas de sal kosher (preferiblemente de la marca Diamond Crystal) o sal marina Une Eake

1. En una olla no reactiva de 6 cuartos colocada en un baño de agua a 100 ° F, combine la leche y la crema y caliente suavemente a 90 ° F; esto debería tardar unos 15 minutos. Apaga el fuego.

2. Espolvorea el iniciador sobre la leche y deja rehidratar durante 5 minutos. Mezcle bien con un batidor de arriba a abajo. Cubra y mantenga a 90 ° F, permitiendo que la leche madure durante unos minutos. Agregue la lipasa, si la usa, y mezcle suavemente, luego mezcle suavemente el cloruro de calcio y luego el cuajo. Cubra y deje reposar, manteniendo 90 ° F por 2horas o hasta que la cuajada dé un corte limpio.

3. Corte la cuajada en trozos de 1 pulgada y déjela reposar durante 15 minutos, luego revuelva suavemente para rme la cuajada un poco. Deje reposar por otros 15 minutos, o hasta que la cuajada se hunda hasta el fondo.

4. Vierta suficiente suero para exponer la cuajada. Forre un colador con una gasa húmeda y vierta suavemente la cuajada en él. Deje escurrir durante 10 minutos. Ate las esquinas de la estopilla para formar un saco de drenaje y cuélguelo a temperatura ambiente para que se escurra durante 30 minutos, o hasta que el suero deje de gotear.

5. Coloque un molde Camembert de 4 pulgadas en una rejilla de drenaje y cúbralo con una gasa húmeda. Con las manos, coloque una cuarta parte de la cuajada en el molde. Presione suavemente hacia abajo para llenar los espacios.

6. Espolvorea la parte superior de la cuajada con un tercio del polvo de molde de P. roqueforti, luego repite el proceso hasta que el molde esté lleno, terminando con una capa de cuajada. El molde debe llenarse hasta aproximadamente 1 pulgada desde la parte superior.

7. Deje escurrir a temperatura ambiente durante 8 horas. Una vez que la cuajada se haya endurecido lo suficiente como para manipularla, después de unas 4 horas de escurrir, inclina el queso una o dos veces, manteniéndolo en su gasa. Pasadas las 8 horas, retira el queso del molde, desenvuelve, inclina y vuelve a alisar, luego deja escurrir durante 16 horas a temperatura ambiente.

8.   Después de 24 horas de escurrido, retire con cuidado el queso del molde, espolvoree un lado con ¾ de cucharadita de sal, luego póngalo sobre un tapete en una caja de maduración.

9.   Espolvoree la ¾ cucharadita de sal restante por encima. El queso estará bastante frágil en este punto, así que manipúlelo con cuidado.

10.   Cubra la caja sin apretar y deje madurar el queso a una temperatura de 50 ° F a 55 ° F y de 85 a 90 por ciento de humedad. Voltee el queso todos los días durante 1 semana, drene cualquier líquido acumulado en la caja de maduración y use una toalla de papel para limpiar la humedad de la caja.

11.   Después de 1 semana, use una aguja de tejer esterilizada o un pincho redondo para perforar el queso hasta el otro lado 4 veces horizontalmente y 4 veces verticalmente.

12. Estos pasajes fomentarán el crecimiento de moho. Continúe madurando a 50 ° F a 55 ° F y 85 a 90 por ciento de humedad. El moho azul debería aparecer en el exterior después de 10 días.

13.   Una vez que el queso haya dejado de escurrir el suero, asegure la tapa de la caja para controlar la humedad. Voltee el queso a diario y ajuste la tapa si aumenta la humedad y demasiada humedad.se desarrolla.

14. Durante las 2 semanas posteriores a la perforación inicial, perfore una o dos veces más en los mismos lugares para garantizar una aireación adecuada y el desarrollo de la vena azul. Retire cualquier moho excesivo o no deseado con un trozo de gasa humedecido en una solución de vinagre y sal.

15. Madure el queso durante 6 a 8 semanas. Cuando alcance la textura cremosa deseada, envuélvalo en papel de aluminio y guárdelo refrigerado hasta por 4 meses más.

36. Stilton

HACE 1 libra

- 1 galón de leche de vaca entera pasteurizada
- 1 taza de crema espesa
- Polvo de molde Penicillium roqueforti
- 1 cucharadita de cultivo iniciador mesófilo en polvo C101 o Meso II
- 1 cucharadita de cloruro de calcio diluido en ¼ de taza de agua fría sin cloro
- 1 cucharadita de cuajo líquido diluido en ¼ de taza de agua fría sin cloro

- 4 cucharaditas de sal kosher

1. En una olla no reactiva de 6 cuartos de galón, caliente la leche y la crema a fuego lento a 86 ° F; esto debería tardar unos 15 minutos. Apaga el fuego.

2. Espolvorea ⅛ de cucharadita del polvo de molde y el iniciador sobre la leche y deja rehidratar por 5 minutos. Mezcle bien con un batidor de arriba a abajo. Cubra y mantenga a 86 ° F, permitiendo que la leche madure durante 30 minutos. Agregue el cloruro de calcio y mezcle suavemente, luego agregue el cuajo de la misma manera. Cubra y deje reposar, manteniendo 86 ° F durante 1½horas, o hasta que la cuajada dé un corte limpio.

3. Con una espumadera, corte la cuajada en trozos de ½ pulgada de grosor. Cubra un colador con una gasa húmeda y colóquelo sobre un tazón aproximadamente del mismo tamaño que el colador.

4. Transfiera las rodajas de cuajada al colador; la cuajada debe reposar en el suero atrapado en el cuenco. Cubra el colador; mantenga 86 ° F durante 1½ horas. Luego, ate las esquinas de la gasa para formar un saco de drenaje y cuélguelo para que se escurra a temperatura ambiente durante 30 minutos, o hasta que el suero deje de gotear.

5. Coloca el saco sobre una tabla de cortar, abre la estopilla y presiona suavemente la cuajada, dándoles forma de ladrillo. Vuelva a colocar la cuajada en la misma gasa y colóquela en una rejilla para escurrir. Presiónelos a 8 libras durante 8 horas o durante la noche a temperatura ambiente.

6.   Retire la cuajada de la gasa y rómpala en trozos de aproximadamente 1 pulgada. Coloque la cuajada en un tazón, agregue la sal y mezcle suavemente para combinar.

7.   Forre un molde para queso redondo de 4½ pulgadas de diámetro con una gasa húmeda y colóquelo en una rejilla para escurrir. Coloque la mitad de la cuajada en el molde. Espolvoree la parte superior con una pizca de polvo de molde P. roqueforti,luego coloque la cuajada restante en el molde.

8.   Dobla las colas de la tela sobre la cuajada, coloca el seguidor en su lugar y deja escurrir a temperatura ambiente durante 4 días. Voltee cada 20 minutos durante las primeras 2 horas, cada 2 horas durante las próximas 6 horas y una vez al día durante los próximos 4 días. Elimina el suero acumulado cada vez que pones el queso.

9.   Pasados los 4 días de escurrido, retire el queso del molde y trapo y colóquelo sobre un tapete limpio en una caja de maduración seca. Cubra la caja sin apretar con la tapa y deje madurar el queso a una temperatura de 50 ° F a 55 ° F y de 85 a 90 por ciento de humedad. La alta humedad es esencial para la elaboración de este queso.

10.   Voltee el queso todos los días durante 1 semana, eliminando el suero que se acumula en la caja de maduración y limpiando la humedad de la caja. Limpie la cáscara a diario con una gasa empapada

11. en una solución de salmuera simple (consulte la Tabla de salmuera) durante la primera semana. Cuando el queso esté seco en la superficie, asegure la tapa de la caja de maduración firmemente y continúe madurando a 50 ° F a 55 ° F y 90 por ciento de humedad, triturando una o dos veces por semana.

12. Después de 2 semanas, el queso debería haber desarrollado un exterior ligeramente mohoso. A los 4 meses, envuelva el queso en papel de aluminio y guárdelo refrigerado hasta por 2 meses más.

QUESO VEGANO

37. Cheddar de anacardos

- 1 taza de anacardos crudos
- 1 taza de agua filtrada
- 1 cucharadita de sal del Himalaya
- ¼ de taza de almidón de tapioca modificado
- Betacaroteno extraído de 2 cápsulas de gel
- **1/4** taza de aceite de coco refinado, y más para engrasar la sartén
- 1½ cucharaditas de polvo de agar-agar
- Coloque los anacardos en agua filtrada en un tazón pequeño. Cubra y refrigere durante la noche.

a) Escurre los anacardos. En la jarra de un Vitamix, coloque los anacardos, el agua, el almidón de tapioca modificado, el betacaroteno, el aceite de coco y el agar-agar en polvo.

b) Licue a velocidad alta hasta que quede suave.

c) Engrase un molde desmontable redondo de 4.5 x 1 pulgada con aceite de coco.

d) Transfiera la mezcla de anacardos a una cacerola y caliente a fuego medio-bajo, revolviendo continuamente, hasta que se espese y tenga una consistencia similar a un queso. (Puede usar un termómetro y calentar la mezcla a unos 145 grados F. Consulteaquí para obtener consejos sobre esta técnica).

e) En esta etapa, puede untar este queso espeso y tibio sobre pan tostado para obtener un delicioso sándwich. o puedes doblar el queso en el molde preparado y dejarlo enfriar.

f) Refrigere el queso durante la noche para que se asiente.

g) Pasa un cuchillo por el borde interior del molde. Suelte la hebilla de la bandeja con forma de resorte y, con el borde plano de un cuchillo grande, suelte el queso de la ronda de metal inferior.

h) Transfiera a una tabla de cortar. Con un cuchillo afilado, corte el queso en rodajas y sirva.

38. Gouda ahumado

- 1/4 taza de anacardos crudos
- 1/4 taza de almendras crudas
- 1/4 taza de aceite de coco refinado, y más para engrasar
- 1 taza de agua filtrada
- 1/4 taza de almidón de tapioca modificado
- 1 gota de betacaroteno, extraída de la cápsula de gel
- 1 cucharadita de sal del Himalaya
- 2½ cucharadas de copos de agar-agar
- 1 cucharadita de humo líquido
a) Coloque los anacardos en agua filtrada en un tazón pequeño. Cubra y refrigere durante la noche. Coloque las almendras en agua filtrada en un tazón pequeño. Cubra y refrigere durante la noche.

b) Engrase ligeramente un molde desmontable de 4 pulgadas con aceite de coco.

c) Escurre los anacardos.

d) Hierva 4 tazas de agua en una cacerola mediana a fuego medio-alto. Agrega las almendras y blanquéalas durante 1 minuto. Escurre las almendras en un colador y quita la piel con los dedos (puedes compostar las pieles).

e) En la jarra de un Vitamix, coloque los anacardos, las almendras, el agua, el almidón de tapioca modificado, el betacaroteno, el aceite de coco, la sal y el agar-agar.

f) Licue a velocidad alta durante 1 minuto o hasta que quede suave.

g) Transfiera la mezcla a una cacerola y caliente a fuego medio-bajo, revolviendo continuamente, hasta que se espese y tenga una consistencia similar a un queso. (Puede usar un termómetro y calentar la mezcla a unos 145 grados F. Consulteaquí para obtener consejos sobre esta técnica).

h) Agrega el humo líquido y mezcla con una espátula de goma para incorporar bien.

i) Vierta el queso en la sartén con forma de resorte preparada. Alise el queso con el dorso de una cuchara cubierta con aceite de coco. Deje enfriar la mezcla, luego cúbrala con un papel pergamino cortado al tamaño del molde de queso. Transfiera el queso al refrigerador durante la noche para que se asiente.

j) Pasa un cuchillo afilado alrededor del borde interior de la sartén. Suelta la hebilla y quita el anillo del molde. Usando el borde plano de un cuchillo grande, separe el queso de la ronda de metal inferior y transfiéralo a una tabla de cortar. Con un cuchillo muy afilado, corta el queso en rodajas y sírvelo.

39. Bolas de mozzarella en salmuera

- 1 taza de anacardos crudos
- 1 taza de almendras crudas

SALMUERA

- 12 tazas de agua filtrada
- 2 cucharadas a ¼ de taza de sal rosa del Himalaya
- 1 taza de agua filtrada
- 1/4 taza de almidón de tapioca modificado
- 1/4 taza de aceite de coco refinado
- 1 cucharadita de sal del Himalaya
- 2½ cucharadas de copos de agar-agar o 1½ cucharaditas de agar-agar en polvo

1. Coloque los anacardos en agua filtrada en un tazón pequeño. Cubra y refrigere durante la noche.

2. Enjuaga bien las almendras. Colóquelos en agua en un tazón pequeño. Cubra y refrigere durante la noche.
3. Prepare una solución de salmuera haciendo hervir el agua en una cacerola grande a fuego alto y agregando la sal hasta que se disuelva.
4. Transfiera la salmuera a un recipiente de cerámica y colóquela en el congelador.
5. Hierva 4 tazas de agua en una cacerola mediana a fuego medio-alto. Agrega las almendras y blanquéalas durante 1 minuto. Escurre las almendras en un colador y quita la piel con los dedos (puedes compostar las pieles).

6. Escurre los anacardos. En el bol de una Vitamix, coloque los anacardos, las almendras, el agua, el almidón de tapioca modificado, el aceite de coco, la sal y el agar-agar.
7. Licue a velocidad alta durante 1 minuto o hasta que quede suave.
8. Transfiera la mezcla a una cacerola y, revolviendo continuamente, caliente a fuego medio-bajo hasta que se espese y tenga una consistencia similar a un queso. (Puede usar un termómetro y calentar la mezcla a unos 145 grados F. Consulteaquí para obtener consejos sobre esta técnica).

9. Saque el queso tibio de la cacerola con una cuchara para helado y colóquelo en la salmuera.

10. Agregue 1 taza de hielo a la mezcla de queso en salmuera. Cubra y transfiera al refrigerador y refrigere durante la noche.

40. Mozzarella de anacardos y almendras

- 1 taza de anacardos crudos
- 1 taza de almendras
- 1 cucharadita de vinagre de sidra de manzana
- 1 cucharadita de sal marina celta
- Una lata de leche de coco de 15 onzas
- 1/4 taza de aceite de coco refinado
- 1 taza de agua filtrada
- ½ taza de copos de agar-agar
1. Coloque los anacardos en agua filtrada en un tazón pequeño. Cubra y refrigere durante la noche.

2. Enjuaga bien las almendras. Colóquelos en agua en un tazón pequeño. Cubra y refrigere durante la noche.
3. Forre dos moldes antiadherentes rectangulares de 6 pulgadas con envoltura de plástico, dejando suficiente envoltura de plástico sobrante colgando de los lados para envolver la mezcla una vez que se enfríe.

4. Hierva 4 tazas de agua en una cacerola mediana a fuego medio-alto. Agrega las almendras y blanquéalas durante 1 minuto. Escurre las almendras en un colador y quita la piel con los dedos (puedes compostar las pieles). Escurre los anacardos. En el tazón de un procesador de alimentos, coloque las almendras y los anacardos y presione hasta que tengan una textura harinosa. Agrega el vinagre y la sal. Pulse de nuevo unas cuantas veces para combinar.

5. En una cacerola pequeña a fuego medio, combine la leche de coco, el aceite de coco y el agua. Cuando la mezcla esté bien caliente, agregue las hojuelas de agar-agar y revuelva constantemente hasta que se disuelva el agar-agar.

6. Con el motor en marcha, vierte la mezcla en el tubo del procesador de alimentos y licúa hasta que la mezcla esté cremosa. Detenga el motor, retire la tapa y raspe los lados. Procesa nuevamente para asegurarte de que la mezcla se incorpore bien. Esto también se puede hacer en la Vitamix para obtener una textura más suave.

7. Verter la mezcla en los moldes preparados y dejar enfriar sobre la encimera. Una vez que el queso se haya enfriado, cúbralo con el exceso de film transparente y refrigérelo durante 24 horas o hasta que esté firme.

8. Saque el queso de los moldes y córtelo en rodajas. ¡Úselo como cobertura de pizza o dentro de un panini de tomate y albahaca!

41. Provolone vegano

- 1 taza de anacardos crudos
- 1 taza de agua filtrada
- 1/4 taza de aceite de coco refinado, y más para engrasar la sartén
- 1/4 taza de almidón de tapioca modificado
- 2 gotas de betacaroteno, extraídas de la cápsula de gel
- 1 cucharadita de aceite de trufa blanca
- 1 cucharadita de sal del Himalaya
- 1½ cucharaditas de polvo de agar-agar o 2½ cucharadas de copos de agar-agar

1. Coloque los anacardos en agua filtrada en un tazón pequeño. Cubra y refrigere durante la noche.

2. Engrase ligeramente un molde desmontable de 4.5 x 1.5 pulgadas con aceite de coco.

3. Escurre los anacardos. En la jarra de una Vitamix, coloque los anacardos, el agua, el almidón de tapioca modificado, el betacaroteno, el aceite de coco, el aceite de trufa, la sal y el agar-agar. Licue a velocidad alta durante 1 minuto o hasta que quede suave.

4. Transfiera la mezcla a una cacerola pequeña a fuego medio-bajo y revuelva continuamente hasta que adquiera una consistencia espesa y parecida a un queso. (Puede usar un termómetro y calentar la mezcla a unos 145 grados F. Consulteaquí para obtener consejos sobre esta técnica).

5. Vierta el queso en el molde desmontable preparado. Deja enfriar. Cubra con un pergamino cortado al tamaño del molde, luego transfiera al refrigerador durante la noche para que se asiente.

6. Saca el queso del molde y colócalo en un plato para servir. Con un cuchillo muy afilado, córtelo y cómelo con Kale Chip

42. Queso de cabra con hierbas de nuez de macadamia

- 2 tazas de nueces de macadamia crudas
- 1 cápsula acidophilus (cepa de cultivo activo de 3000 millones)
- 1 cucharadita más ⅛ de cucharadita de sal marina celta
- 1/4 taza de leche de coco
- 2 cucharaditas de aceite de coco refinado
- 1 cucharadita de sal del Himalaya
- 2 cucharadas de especias griegas o za'atar (una mezcla de tomillo, orégano y mejorana)

1. En la jarra de un Vitamix, coloque las nueces de macadamia, acidophilus, ½ cucharadita de sal marina celta, leche de coco, aceite de coco y la sal del Himalaya. Licúa a velocidad media, usando el émbolo para distribuir uniformemente la mezcla.

2. Transfiera la mezcla al centro de un trozo de gasa de 8 pulgadas. Reúna los bordes y ate su paquete con una cuerda. Coloque el paquete de queso en el deshidratador y deshidrate a 90 grados F durante 24 horas.

3. Una vez finalizada la crianza, abra el paquete de queso y, con una cuchara para helado, retire todo el queso del paño y colóquelo (incluida la corteza y el centro) en el bol de un robot de cocina. Batir hasta que esté suave y esponjoso.

4. Ajuste los condimentos al gusto. Si el sabor es demasiado suave, agregue ⅛ de cucharadita restante de sal marina celta.

5. Coloque el queso sobre una superficie de trabajo y divídalo por la mitad. Coloque la mitad en una hoja de papel encerado de 8 pulgadas. Enrolla el queso dentro del papel encerado, moviéndote hacia adelante y hacia atrás para crear un tronco. Repite con la segunda mitad.

6. Una vez establecida la forma, empareje los extremos y enrolle suavemente y presione las hierbas. Envuelva suavemente los troncos en una gasa. Transfiera al refrigerador por 2 horas. Atender.

43. Queso de cabra ahimsa

- 2 tazas de almendras
- 3½ cucharaditas de vinagre de sidra de manzana, y más según sea necesario
- 1 cucharadita de sal marina celta, y más según sea necesario
- ½ taza de leche de coco
- 1 cucharadita de aceite de coco refinado

1. Remoja las almendras durante al menos 8 horas en agua filtrada. Para que broten, enjuague las almendras con agua dos veces al día durante las próximas 48 horas. Puede guardarlos, cubiertos con un trozo de estopilla, en un lugar fresco y seco. Pero asegúrese de drenar el agua por completo cada vez que los enjuague. O, si lo desea, puede omitir el paso de germinación y simplemente usar almendras remojadas. Tu queso seguirá estando delicioso.

2. Hierva 4 tazas de agua en una cacerola mediana a fuego medio-alto. Añadir las almendras germinadas y

blanquearlas rápidamente, durante 1 minuto. Escurre las almendras en un colador y quita la piel con los dedos (puedes compostar las pieles).

3. En la jarra de una Vitamix, coloque las almendras, el vinagre, la sal, la leche de coco y el aceite de coco. Licúa a velocidad media, usando el émbolo para distribuir uniformemente la mezcla.

4. Transfiera la mezcla al centro de un trozo de gasa de 8 pulgadas. Reúna los bordes y átelos en un paquete con una cuerda. Coloque el paquete de estopilla en el deshidratador y deshidrate a 90 grados F durante 19 a 24 horas.

5. Una vez que se complete el envejecimiento, abra el paquete de estopilla y, con una cuchara para helado, coloque el queso en el tazón de un procesador de alimentos. Batir hasta que esté suave y esponjoso.

6. Ajuste los condimentos al gusto. Si el sabor es demasiado suave, agregue ⅛ de cucharadita de vinagre y ⅛ de cucharadita de sal.

7. Coloca el queso sobre papel encerado. Divide el queso en dos partes iguales. Enrolle el queso dentro del papel encerado, moviéndose hacia adelante y hacia atrás para crear dos troncos individuales.

8. Disfruta con mi Ensalada De Queso De Remolacha Y Cabra o con tus galletas sin gluten favoritas.

44. Queso gorgonzola azul

- 4 tazas de anacardos crudos
- Aceite de coco, para engrasar los moldes
- 1 cápsula acidophilus (cepa de cultivo activo de 3000 millones)
- ¾ taza de leche de coco
- 1 cucharadita de sal del Himalaya
- ¼ a ½ cucharadita de espirulina o espirulina líquida congelada
1. Coloque los anacardos en agua filtrada en un tazón pequeño. Cubra y refrigere durante la noche.

2. Engrase ligeramente dos moldes de queso de 4 pulgadas o un molde de queso de 6 pulgadas con aceite de coco.

3. Escurre los anacardos. En el bol de una Vitamix, coloque los anacardos, el acidófilo, la leche de coco y la sal. Licue a velocidad media, usando el émbolo para distribuir uniformemente la mezcla hasta que quede suave.

4. Transfiera la mezcla a un tazón pequeño y espolvoree con la espirulina en polvo o rompa pequeños trozos de espirulina viva congelada y colóquelos al azar sobre la mezcla de queso. Usando una pequeña espátula de goma, marmole la espirulina a través de la mezcla para crear vetas azul verdosas.

5. Transfiera la mezcla a los moldes de queso preparados y colóquelos en el deshidratador coronado con papel pergamino cortado a medida que se ajuste a la parte superior de los moldes.

6. Deshidrate a 90 grados F durante 24 horas.

7. Transfiera los moldes a la nevera durante la noche.

8. Retire el queso de los moldes y disfrútelo, o coloque el queso dentro de un humidificador o enfriador de vino durante 1 a 3 semanas. Frote el exterior con sal marina fina cada pocos días para evitar la aparición de moho negro. El sabor del queso continuará desarrollándose a medida que envejece.

45. Queso cheddar chipotle

- 1½ tazas de anacardos crudos
- 1/4 taza de musgo irlandés
- ½ taza de agua filtrada
- 1 cucharadita de aceite de coco refinado
- ½ cucharadita de chile chipotle de un frasco, más 1 cucharada de aceite del frasco
- ½ cucharadita de sal marina celta, y más al gusto
- 2 cucharadas de levadura nutricional
1. Coloque los anacardos en agua filtrada en un tazón pequeño. Cubra y refrigere durante la noche.
2. Enjuague muy bien el musgo irlandés en un colador hasta que se elimine toda la arena y desaparezca el olor a océano. Luego colóquelo en agua en un tazón pequeño. Cubra y refrigere durante la noche.
3. Escurre el musgo irlandés y colócalo en el bol de una Vitamix con el agua. Licúa a velocidad alta durante 1

minuto o hasta que esté emulsionado. Mide 2 cucharadas y reserva el resto.

4. Escurre los anacardos. En una jarra limpia de Vitamix, coloque los anacardos, el musgo irlandés emulsionado, el aceite de coco, el chile chipotle, el aceite de chipotle, la sal y la levadura nutricional. Licue a velocidad media, usando el émbolo para distribuir uniformemente los ingredientes hasta que quede suave.

5. Ajusta la sal al gusto. Vierta la mezcla en el centro de su tamal antes de envolver. ¡Viejo!

46. Queso de anacardo azul

- 2 tazas de anacardos crudos
- 1/4 taza de musgo irlandés
- ½ taza de agua filtrada
- 1 cucharada de levadura nutricional 1½ cucharaditas de sal marina celta
- 2 cucharaditas de aceite de coco refinado
- 1 cucharadita de ajo en polvo
- 1 cápsula acidophilus (cepa de cultivo activo de 3000 millones)
- 1/4 taza de aquafaba (agua de una lata de garbanzos de 15.5 onzas)
- ½ cucharadita de espirulina en polvo o espirulina viva congelada

1. Coloque los anacardos en agua filtrada en una jarra pequeña. Cubra y refrigere durante la noche.

2. Enjuague muy bien el musgo irlandés en un colador hasta que se elimine toda la arena y desaparezca el olor a océano. Luego colóquelo en agua filtrada en un tazón pequeño. Cubra y refrigere durante la noche.

3. Escurre el musgo irlandés y colócalo en el bol de una Vitamix junto con el agua. Licúa a velocidad alta durante 1 minuto o hasta que esté emulsionado. Mide 2 cucharadas y reserva el resto.

4. Escurre los anacardos. En una jarra limpia de Vitamix, coloque los anacardos, el musgo irlandés emulsionado, la levadura nutricional, la sal, el aceite de coco, el ajo en polvo, el acidophilus y el aquafaba.

5. Licúa a velocidad media, usando el émbolo para distribuir uniformemente la mezcla. Transfiera la mezcla a un molde para queso.

6. Espolvoree la espirulina sobre el queso y, con una espátula pequeña, marque en todas direcciones. No mezcle demasiado o su queso se pondrá verde.

7. Coloque el molde de queso en el deshidratador y deshidrate a 90 grados F durante 24 horas. Refrigere toda la noche.

8. Sirva o almacene en un humidificador o enfriador de vino hasta por 3 semanas.

47. Burrata vegana

- 2 tazas de almendras crudas
- 1 cucharada de vinagre de sidra de manzana
- 1 cucharadita de sal del Himalaya
- 1/4 taza de leche de coco más 1 taza para remojar
- 1 cucharadita de aceite de coco

1. Remoja las almendras durante al menos 8 horas en agua filtrada. Para que broten, enjuague las almendras con agua filtrada dos veces al día durante las próximas 48 horas. Puede guardarlos, cubiertos con un trozo de estopilla, en

un lugar fresco y seco. Pero asegúrese de drenar el agua por completo cada vez que los enjuague. O si lo desea, puede omitir el paso de brotación y simplemente usar almendras remojadas. Tu queso seguirá estando delicioso.

2. Hierva 4 tazas de agua en una cacerola mediana a fuego medio-alto. Agrega las almendras y blanquea rápidamente, durante 1 minuto. Escurre las almendras en un colador y quita la piel con los dedos (puedes abonarlas).

3. En la jarra de una Vitamix, coloque las almendras, el vinagre, la sal, ½ taza de leche de coco y el aceite de coco. Licúa a velocidad media, usando el émbolo para distribuir uniformemente la mezcla hasta que esté bien incorporada y suave.

4. Transfiera los ingredientes al centro de un trozo de gasa fina de 8 pulgadas. Reúna los bordes y átelos en un paquete con una cuerda. Cuelga el paquete de queso en un gancho en la pared o en la parte inferior de un gabinete. Coloque un plato pequeño debajo para recoger el líquido. Cuélgalo durante la noche o hasta que se forme una corteza suave y oscura.

5. Coloque el paquete de estopilla en un tazón pequeño y agregue la 1 taza restante de leche de coco. Cúbralo y déjelo en remojo en el refrigerador durante 3 a 5 días.

6. Antes de servir, corte el queso en rodajas y acomódelo sobre algunas verduras frescas con tomates cortados en cubitos. Intente verter 1 cucharada de la leche de coco en remojo justo encima de las rodajas. Rocíe un poco de aceite de oliva de alta calidad y vinagre balsámico sobre su creación gourmet, decore con un poco de pimienta recién

molida y sirva. Luego cae al suelo en éxtasis. Eres
bienvenido.

48. Queso miso japonés

HACE 2 TAZAS DE QUESO

- 1 taza de anacardos crudos
- 1 taza de carne de coco fresca de un coco marrón (no la sustituya por hojuelas de coco)
- ⅔ taza de aquafaba (líquido de garbanzos enlatados)
- 1 cucharada de aceite de coco, y más para engrasar los moldes de queso
- 2 dientes de ajo negro fermentados
- 1 cucharada de pasta de miso de garbanzos
- 1 cucharada de levadura nutricional

- 1 cucharadita de vinagre de sidra de manzana
- 1 ramita pequeña de algas, de cualquier variedad
- Una pizca de sal marina celta de grano grande

1. Coloque los anacardos en agua filtrada en un tazón pequeño. Cubra y refrigere durante la noche.

2. En el tazón de un procesador de alimentos, muele los trozos de coco fresco hasta que tengan una textura harinosa. Cubra y refrigere hasta que esté listo para usar.

3. Engrase ligeramente un molde de queso redondo de 4 pulgadas con aceite de coco.

4. Escurre los anacardos. En la jarra de una Vitamix, coloque los anacardos, el coco, la aquafaba y el aceite de coco. Licúa a velocidad media, usando el émbolo para distribuir uniformemente la mezcla hasta que esté bien incorporada y suave. Es posible que deba detenerse y raspar los lados con una espátula de goma y luego comenzar de nuevo.

5. Transfiera el queso al molde de queso preparado. Coloque el molde de queso en el deshidratador y deshidrate a 90 grados F durante 24 horas.

6. Retire el queso del molde y colóquelo en el bol de un robot de cocina. Agrega el ajo, el miso, la levadura nutricional y el vinagre. Procese durante 1 minuto o hasta que quede suave. Transfiera la mezcla a una fuente decorativa pequeña para servir. Alternativamente, transfiéralo al molde preparado y refrigérelo durante 24 horas.

49. Ricotta de anacardo batida

PARA 2 TAZAS

- 2 tazas de anacardos crudos
- 1/4 taza de musgo irlandés
- ¾ taza de agua filtrada
- 1 cucharadita de rejuvelac
- 2 cucharaditas de jugo de limón fresco
- 2 cucharadas de aquafaba
- 1 cucharadita de sal marina celta

1. Coloque los anacardos en agua filtrada en un tazón pequeño. Cubra y refrigere durante la noche.

2. Enjuague muy bien el musgo irlandés en un colador hasta que se elimine toda la arena y desaparezca el olor a océano. Luego colóquelo en agua en un tazón pequeño. Cubra y refrigere durante la noche.

3. Escurre el musgo irlandés y colócalo en la jarra de una Vitamix con ½ taza de agua. Licúa a velocidad alta durante 1 minuto o hasta que esté emulsionado. Mide 2 cucharadas y reserva el resto.

4. En un recipiente limpio de Vitamix, coloque los anacardos, el musgo irlandés emulsionado, el rejuvelac, el ¼ de taza restante de agua y la sal. Licúa a velocidad media, usando el émbolo para distribuir uniformemente la mezcla, parando y comenzando hasta que todo esté bien incorporado.

5. Transfiera el queso al centro de un trozo de gasa fina de 8 pulgadas. Reúna los bordes y átelos en un paquete con una cuerda.

6. Coloque el paquete de estopilla en el deshidratador y deshidrate a 90 grados F durante 24 horas.

7. Transfiera el queso al tazón de un procesador de alimentos y presione hasta que la textura sea ligera y esponjosa.

50. Queso de coco y anacardos

HACE DOS RONDAS DE 4 PULGADAS

- 2 tazas de anacardos crudos
- 2 cucharadas de aceite de coco, y más para engrasar los moldes de queso
- 2 tazas de carne de coco fresca de un coco marrón (no la sustituya por hojuelas de coco)
- 1/4 taza de aquafaba (líquido de garbanzos enlatados)
- 1 cucharadita de sal del Himalaya Pétalos de flores comestibles, para decorar

1. Coloque los anacardos en agua filtrada en un tazón pequeño. Cubra y refrigere durante la noche.

2. Engrase ligeramente dos moldes de queso de 4 pulgadas con aceite de coco.

3. En el tazón de un procesador de alimentos, coloque el coco y presione hasta que tenga una textura harinosa. Dejar de lado.

4. Escurre los anacardos. En la jarra de un Vitamix coloca los anacardos, el coco, la aquafaba, la sal y el aceite de coco. Licue a velocidad media, usando el émbolo para distribuir uniformemente la mezcla hasta que quede suave.

5. Es posible que deba detener la licuadora y raspar los lados con una espátula de goma varias veces.

6. Transfiera la mezcla a los moldes de queso preparados. Cubre los moldes con papel de pergamino cortado a medida.

7. Coloque los moldes de queso en el deshidratador y deshidrate a 90 grados F durante 24 horas. Refrigere toda la noche.

8. Retirar el queso de los moldes. Disponer en platos y decorar con pétalos de flores comestibles.

CONCLUSIÓN

El queso es una buena fuente de calcio, un nutriente clave para la salud de los huesos y los dientes, la coagulación de la sangre, la cicatrización de heridas y el mantenimiento de la presión arterial normal. ... Una onza de queso cheddar proporciona el 20 por ciento de este requerimiento diario. Sin embargo, el queso también puede tener un alto contenido de calorías, sodio y grasas saturadas. ¡El queso también es delicioso!

También existe una creciente evidencia que indica que comer una pequeña cantidad de queso después de una comida puede ayudar potencialmente a prevenir la caries dental y promover la remineralización del esmalte. El queso no solo contiene una buena cantidad de calcio, lo que favorece la salud y la fortaleza de los dientes, sino que también ayuda a crear saliva adicional en la boca, lo que ayuda a eliminar las partículas de comida adheridas a los dientes para que no tengan la posibilidad de asentarse y causar manchas. . Los quesos duros, como el cheddar, son los más efectivos, así que agregue 1 oz. pieza después de una comida que incluye alimentos que manchan los dientes.

Cuando se hace correctamente, el queso casero a menudo es mejor para usted que los quesos comprados en la tienda o comerciales porque no contienen tantos conservantes u otros ingredientes artificiales dañinos.